CASAMENTO
CRISE, RESGATE E
REENCONTRO

Cláudia Ferreira

CASAMENTO
CRISE, RESGATE E
REENCONTRO

MADRAS®

© 2017, Madras Editora Ltda.

Editor:
Wagner Veneziani Costa

Produção e Capa:
Equipe Técnica Madras

Revisão:
Silvia Massimini Felix
Jaci Albuquerque de Paula
Ana Paula Luccisano

Dados Internacionais de Catalogação na Publicação (CIP)
(Câmara Brasileira do Livro, SP, Brasil)

Ferreira, Cláudia
Casamento, crise, resgate e reencontro/Cláudia Ferreira. – São Paulo: Madras, 2017.

ISBN: 978-85-370-1083-9

1. Autoajuda 2. Convivência 3. interpessoais 4. Casamento 5. Casamento – Aspectos psicológicos 6. Crescimento pessoal 7. Histórias de vida I. Título. Casais – Relações

17-06956   CDD-158.2

Índices para catálogo sistemático:
1. Casamento: Psicologia aplicada 158.2

É proibida a reprodução total ou parcial desta obra, de qualquer forma ou por qualquer meio eletrônico, mecânico, inclusive por meio de processos xerográficos, incluindo ainda o uso da internet, sem a permissão expressa da Madras Editora, na pessoa de seu editor (Lei nº 9.610, de 19/2/1998).

Todos os direitos desta edição reservados pela

MADRAS EDITORA LTDA.
Rua Paulo Gonçalves, 88 – Santana
CEP: 02403-020 – São Paulo/SP
Caixa Postal 12183 – CEP: 02013-970
Tel.: (11) 2281-5555 – Fax: (11) 2959-3090
www.madras.com.br

Há muita vida após o casamento. Você pode iniciar uma nova história!

TODOS, OU QUASE TODOS, SONHAM EM CONHECER UMA PESSOA E VIVER UM GRANDE AMOR... Poucos sabem que antes disso precisam entender o que é amar a si mesmo, para...

Para depois entender que amar o próximo é mais que paixão, bem mais que sexo.

TODOS SONHAM EM CASAR E TER FILHOS... Mas poucos sabem que há pessoas que não suportam conviver com outras no modelo do casamento e, por isso, não se adaptam quando se unem debaixo do mesmo teto.

MUITOS SE SENTEM PARTIDOS POR NÃO TEREM A CARA METADE AO SEU LADO, mas poucos sabem que não há metade, existe alguém tão especial quanto você, que soma e dá um gostinho a mais no gosto gostoso de viver!

QUASE TODOS SONHAM EM SE CASAR, mas não têm a mínima paciência com a instituição chamada casamento nem com seus protocolo e suas renúncias.

Agradecimentos

Agradeço a cada pessoa, a cada olhar desesperançoso que chegou até mim narrando sua história, com a voz claudicante e perdida. A todos que se desnudaram por não suportar a dor da dúvida e da escuridão.

Agradeço a cada cliente ou amigo, e até desconhecido, que por horas me tomou como participante passivo de sua caminhada.

É por vocês que este livro vem. É por nós que o livro traz à baila nossas dores. Aqui se inicia o processo de cura!

Um agradecimento especial a Grazielle Cristina Ferreira, minha irmã, que se debruçou sobre minhas ideias, expondo suas críticas e me extirpando os excessos. "Isso é necessário?" Gratidão, Gra!

Jucilene Vieira, minha eterna professora, que acreditou neste trabalho e incentivou a publicação da obra com seu olhar doce e palavras firmes, com sua força de viver. Gratidão, Juju Pimentinha!!!

Obrigada a todos!

Dedicatória

Dedico este livro àqueles que se aprisionam na falsa concepção do casamento, aos casais que vivem angustiados, sob o teto do silêncio cruel, sem respostas sobre como reagir diante do nada que sua vida virou. Aos que se veem pressionados a decidir por si ou pelos filhos, ou pela fantasia que criaram, por esquecerem ou guardarem, na caixinha, sua essência, colocando-se em terceiro lugar por amor, por omissão, por medo de não saber como agir nem quando reagir.

Dedico este livro a todas vocês que, de tão sublimes, ponderam até mesmo pela escolha... E se colocam em terceiro lugar, por não saberem agir.

Às mentes onde moram as dúvidas sobre prosseguir com o relacionamento ou parar; às pessoas que ainda se perguntam por que estão nessa relação, se ela é adequada e compatível. Se é saudável! Se há equilíbrio e amor que os une.

Índice

Prefácio 13
Introdução 19
Capítulo 1: Casar 27
      Carência 39
      Carência social 40
      Vaidade 41
      Amor e paixão 42
      Ciúmes 45
Capítulo 2: A Farsa 49
Capítulo 3: Traição 63
Capítulo 4: Vontade de Prosperar 79
Capítulo 5: Ninguém Escolhe por Você 89
Capítulo 6: A Busca 103
Capítulo 7: Há Certas Coisas que Nem o Amor Aguenta 115
      RESPEITAR-SE para se libertar 122
      Eu me separei aos 68 anos de idade e nasci de novo ...164

Prefácio

Encadernados, presos pela frase já escrita, em letras tortas no papel amarelado, somos estáticos, deitados sobre a concordância disforme de pensamentos alternados, esquecendo-nos de nós mesmos, feito enfeites empoeirados na escrivaninha. Presos em nossos hábitos pretéritos que nos escravizam, viramos máquinas submissas ao nosso comodismo! Nossa falta de atenção com nós mesmos nos torna seres automáticos, sem olhos-para o lado.

- ✓ Você sabia que o índice de divórcio cresceu 160% de 2014 para 2016? Que 72% dos pedidos são feitos pelas mulheres, no Brasil – apesar de minha pesquisa revelar que são, na verdade, 90% –, e nos Estados Unidos, 2/3 dos pedidos são feitos por elas?
- ✓ Você sabia que a maioria dos casais vive mal e não se separa por medo, insegurança, protocolo, e se submetem a uma relação doentia por covardia ou por não saberem, ao certo, se o que vivem é o tradicional casamento (chato mesmo) ou apenas uma crise?
- ✓ Será que meu relacionamento acabou ou tem recuperação?
- ✓ Preciso mesmo de outra pessoa para ser feliz? Conheço solteiros eternos, que namoram por uma vida, e são pessoas leves, felizes... Amam sua liberdade e têm um vida superinteressante. Enfim, qual é a receita?
- ✓ Por que tenho de me casar? Será que todos devem cumprir um protocolo social?
- ✓ Por que nós temos de nos relacionar uns com os outros, montar uma família, ter filhos, seguir o modelo social apresentado como projeto

pessoal, que soa como uma obrigação imposta pela sociedade? Por que temos tantos conflitos em nossos relacionamentos? Será que temos ou nós mesmos nos impomos seguir o manual de regras e de acordo com os costumes sociais?

✓ Todas essas perguntas e inquietações serão respondidas neste livro, por meio de histórias verídicas que serão relatadas aqui, desde a origem de cada uma até seu desfecho com a separação ou recuperação do relacionamento. O motivo que me levou a casar e por que me separo, nesse momento.

✓ Mas, seja qual for sua posição sobre o tema, o casamento é uma escola, porque nos leva ao crescimento, à evolução. É a parte que une, forma vínculos, que nos instiga, provoca, testa. Faz-nos ser mais pacientes e perseverantes. São os relacionamentos que nos dizem a verdade. Aquela verdade sobre nós e a vida, aquela verdade que vive guardada no porão escuro, onde não temos vontade de mexer. Porém, lidar com determinadas situações inquietantes nos leva à lucidez para buscar, em algum lugar, o equilíbrio, o autoconhecimento e a viver mais e melhor.

✓ O relacionamento, além de nos ensinar, serve também para nos educar, para nos propor a evolução – o difícil "Conhece-te a ti mesmo" –, para ter filhos, alegria, cachorros, afagos, almoços de domingo, inspiração, rusgas, ciúmes – não que você não terá nada disso se preferir ficar sozinho, mas o livro trata exatamente da arte de viver bem o casamento. E se não der para alcançar o estado "iluminado" a dois, que a carreira solo seja aceita, digerida, curtida com muito gosto, porque é para isso que estamos aqui. Cabe a cada um/uma pegar o bilhete de entrada no espetáculo da vida, não para ficar sentado na plateia, mas para adentrar o palco, assumir corajosamente o papel que lhe cabe – não como coadjuvante, mas como ator/atriz principal de suas próprias escolhas.

✓ Desde quando meu casamento entrou em crise, me pus a perguntar se existia realmente casal sem conflito, relacionamento perfeito ou tolerável, se a família "margarina" era uma verdade ou só jogada de marketing. Passei quase quatro anos para descobrir que meu remédio seria a separação.

✓ Para isso adoeci várias vezes, envelheci, entristeci, morri. Foram quatro anos me perguntando: será que casamento é chato assim? Ou casei com a pessoa errada? Ou se, de repente, eu decidi exigir demais? Mal sabia que eu já não era eu... era um rosto cascudo, uma alma pesada, um ser intolerante e infeliz.

- Mas por quê? Essa pergunta vinha de todos os cantos, meus familiares e amigos diziam "seu marido é um homem lindo, probo, honesto e um excelente pai", todos entoando um mesmo coro em uma inquietude "injustificável".
- Porque existem questões em nosso íntimo que dispensam ser decifradas. Podem ser no máximo sentidas. É sobre isso que iremos conversar. Eu e você! Sobre aquelas sensações estranhas que não conseguem se resumir em palavras, mas são ditas no olhar.
- Retornando, até chegar a essa ilustre descoberta sobre separar ou não, passei por situações bobas que, se narradas, nenhum valor terão, mas se sentidas, visualizadas ou vividas, delas muito se extrairá. E você certamente vive ou viveu alguns desses momentos.
- E foram esses experimentos que me levaram à conclusão de que meu casamento era um fardo, uma obrigação, um peso em minhas costas, e que meu remédio seria a separação.
- Não era culpa nem vontade de ninguém, mas um fato inevitável no decorrer da vida. (Há situações na vida que temos de viver, não há outro jeito.)
- Você deve estar imaginando que fui muito aluna no assunto, escolhi a pessoa errada, talvez teria distorcido o conceito do casamento/relacionamentos. Mas quem é experiente o bastante para acertar na escolha? Os adolescentes podem se encantar, mas aos 20 também nos encantamos, aos 50 idem, e assim vamos. Agora, se você me disser que casou com esse "traste" porque acreditou no destino, isso quer dizer que quer terminar sua vida no prefácio. Ou seja, nada mais vale no decorrer do livro, seu início é seu fim e você realmente veio aqui de passagem.
- Impressiona a justificativa de certas pessoas quando retornam para uma relação falida e tentam dar vida ao que nunca teve. "Na vida nos ocorreram tantas coisas e mesmo assim nos reencontramos." As pessoas adoram se justificar porque voltaram para aquele cara que não tem a mínima conexão com elas, apenas por carência. Isso passa de ilusão, coisa de gente acomodada que não quer reagir para a vida, nem viver! Levante a cabeça e use sua inteligência

para escolher a melhor opção. Há milhões de homens e mulheres sozinhos esperando seu par.
- ✓ Quem é o super-homem de chegar experiente e bem entendido no assunto? Conhecer alguém, casar e viver juntos tudo isso depende de várias questões e abrange desde as mais bobas até as mais complicadas situações, as mais variadas circunstâncias! E quem é o mestre para dizer o que é certo, o que funciona e o que não funciona? Ainda mais em um tempo de hoje, em que tudo é virtual, prático e rápido, precisamos sempre conhecer os limites do contexto que envolve o casamento. E quem disse que casar é sinônimo de felicidade e realização?
- ✓ Não sei o motivo que me levou à separação, talvez deveria me perguntar a razão que me levou ao casamento, ou melhor, a que me levou a casar com aquela pessoa, mas, dia a dia fui tomando ojeriza daquele homem, do cheiro, das expressões, daquela casa, do contexto geral. E me separei.
- ✓ Por outro lado, foi o marco mais importante de minha vida, um divisor de águas, porque nem a maternidade me fez amadurecer tanto, entender um tanto de mim, de quem sou, e aprender a aceitar, compreender e amar o próximo. Foi como me olhar por horas no espelho e começar a desnudar-me, primeiro a roupa, depois a pele. Um processo lento e dolorido, mas, quando me vi em carne viva, senti o vento arder por todo o meu corpo, a fraquejar minhas pernas e minha força se esvair... Sofri muito, mas estou aqui. Eu me separei grávida de quatro meses.
- ✓ A decisão de separar-se também é um ato de amor e respeito ao companheiro, justamente porque não vale a vida vivida na mentira. Não vale fazer de conta que é feliz, sendo que seu parceiro também está triste. Não vale enganar por qualquer benefício, seja ele físico, financeiro, emocional, enfim, a vida a dois somente vale quando é uma relação leve e saudável.
- ✓ Este livro tem a intenção de lhe mostrar que seu conflito não é só seu. É nosso. Que o casamento tem seus momentos bons e ruins como toda e qualquer relação. Ele não tem nenhum interesse em separá-lo(a) de seu parceiro(a), ao contrário, mostra diversas situações para que você (e eu) descubra que a relação vale ser vivida, porém... Com quem?
- ✓ Pare de mascarar! De fazer de conta que é feliz! Viva a vida a dois se saudável for; caso contrário, a separação é o caminho. E mais, a

separação é essencial quando a vida a dois traz prejuízos a você e aos filhos, ou seja, faz mal ao fim para o qual foi almejado.

Ninguém se casa para separar. Isso é fato. Você se casou por quê? Porque pretendia melhorar-se como pessoa, ser mais feliz, compartilhando seu dia, seus prazeres, seus mimos com outro alguém. Ter filhos, ou não, enfim, curtir a vida com uma pessoa compatível. Se, depois de um tempo, esse fim não corresponder aos meios, sinto muito. Você deve liberar essa pessoa que conheceu, de tão legal que foi, para viver outras experiências. Isso é prova de amor.

- ✓ Neste livro vou tratar de algumas vidas, histórias reais e várias outras situações que foram a mim confiadas, mudando, é óbvio, o nome da pessoa e algumas circunstâncias, mas mantendo na íntegra a lição, a forma, o desfecho, e o que consegui extrair dos desabafos trazidos por amigas, clientes e até mesmo desconhecidos. Por várias vezes, encontrei determinada pessoa por uma, duas horas e ela desabou sobre mim todo o seu tormento conjugal! Parecia um fenômeno da lei da atração ou algum recheio a mais para compartilhar com você.
- ✓ Não sou psicóloga. Sou advogada. Portanto, não trato do tema com qualquer pincelada de profissionalismo. Trato do assunto como uma personagem principal dessa trama doida e doída que envolve paixões, egos, vaidades, amor, filhos, dor, terceiros intrometidos, família palpitando, amigos descabelando e desconhecidos que tentam de alguma forma participar do evento chamado separação. Certo é que a separação ainda é vista como uma fatalidade escandalosa, como se vivêssemos mil anos antes de Cristo, o que deveria ser apenas uma alteração de estado civil ou o fim de um ciclo. Mas o drama do próprio casal dá a conotação dramático-dolorida ao evento, que ganha maior repercussão pela vaidade. Isso em um sentido consciente, mas sabemos que cada um com sua dor e sua estrutura.
- ✓ Não estou aqui para trazer um manual, longe disso, mesmo porque sua angústia é a minha também. Estou aqui apenas para dividir com você algumas experiências e, com um toque de humor irônico, para rirmos de nossos atropelos! Holofotes à parte, certo é que a crise é uma bênção (e não venha novamente achar

ruim comigo. eu já explico). A crise é o melhor caminho ao amadurecimento. Faz-nos mexer o corpo, esquentar a mente, sair da zona de conforto e encarar o monstro. A separação é enfrentar o monstro, a morte em vida. Uma necessidade, talvez, ou uma ponte para uma das mais ilustres descobertas do ser humano.

O intuito deste livro é que você tenha condições de aferir se está em crise e tem como recuperar sua relação ou chegou às vias do desfecho, caminhando ou não para a fatalidade chamada separação. Ou se você vive apenas desajustes que podem ser negociados. Negociados sim, porque o casamento é um ajuste eterno, em que há renúncias, acordos, concessões, distorções, elucubrações, fortes tensões e assim por diante. Você terá de se reeducar muitas vezes. Não que eu esteja falando de lhe faltar educação, mas se amoldar ao novo molde chamado casamento.

Introdução

Temos olhos para tudo, menos para nós mesmos! E assim permanecemos encadernados, rijos, esquecidos de nós mesmos, empoeirados na estante, aguardando mudanças. Aguardamos uma novidade, uma providência, sermos lidos e relidos, ou somente reescritos. Talvez um livro reescrito sem conclusão.

Resolvi escrever este livro, composto de histórias verídicas sequenciais, ao perceber que vivi, durante meu casamento, uma doença. Por mais que aquela relação me maltratasse, e mesmo estando ciente de que vivia um relacionamento miserável, sofrendo muito, tanto a ponto de enlouquecer, perder os sentidos, a noção da maternidade, a razão, não foi fácil me desvencilhar do invisível laço que me prendia. Foi dolorido descobrir que o laço foi uma criação minha e eu me prendi a uma fantasia e enlouqueci. Vou narrar minha história aqui.

Desde o marco principal entre a decisão de me separar até o desfecho, depois o luto, foram momentos difíceis, doídos na carne, mas que me serviram como base para toda uma vida. Foi o início de meu processo de cura. Cura? Sim, e você vai descobrir por quê.

Descobri que o sofrimento advindo da separação – que traz junto dela tanta dúvida, culpa, perturbação, dor – é comum a todos que passam por esse processo; que os últimos anos agonizantes pelos quais passei, esperando a hora de algum desfecho, esperando o momento de a coragem me surpreender e assim jogar tudo para o alto e resgatar a vida, resgatando-me, concomitantemente, e conhecendo-me, não era um desejo só meu, uma experiência só minha, mas também de várias pessoas que passaram por esse processo de aprendizado. A separação não era uma cilada armada pela vida, proporcionando-me um mar de sofrimento. Era, na verdade, o começo de uma vida melhor, um resgate, um renascimento. E esse enredo, desde o início, contava a história de várias pessoas que, às vezes, apresentavam-se nesse processo como seres perdidos, atordoados, sem rumo, sem saber lidar com o monstro que assolava – e assola – várias "famílias".

Estou sozinho, e agora?

Um dos momentos mais difíceis é quando você descobre que está sozinho e se depara com sua liberdade, todavia não sabe como irá conviver com ela. Daí um turbilhão de emoções invade sua cabeça, como caminhar, como me apresentar, como enfrentar a questão. Por isso, a maioria das pessoas comete o erro de sair de uma relação engatada em outra. Mantenha a calma. Será bem mais fácil do que imagina.

Percebi também que, mesmo as pessoas mais esclarecidas, altivas, equilibradas, conhecedoras de si mesmas, classe "A" em todos os quesitos, após o desfecho da relação, costumavam se alimentar de mágoa, por anos e anos, mesmo após ser homologada a separação, com a pensão estabelecida e a partilha dos bens, ritos necessários à conclusão do fim do relacionamento, ou seja, tudo o que realmente importava e interessava aos "separandos". Apesar disso tudo, ainda sabotavam suas novas relações, porque não conseguiam dar um fim verdadeiro ao que já havia morrido e permaneciam empedernidas pelos conflitos pós-separação, sem conseguir caminhar, seguir adiante. Arrastavam-se com aquele fardo pesado nas costas emperrando a caminhada. Por isso, libertar-se de tal fardo é a melhor decisão.

Decida por você e seja gentil com todos, inclusive com seu ex. É possível e você verá. Afinal, você deve querer muito bem a quem participou ativamente de seus mais importantes momentos.

Vivi como várias pessoas, sempre contaminada pela culpa. Culpa por ter pedido a separação, pela forma como a separação se deu, culpa pelo sofrimento dos filhos, pela "alteração" da família, pela situação que se instalou após a separação e por minha falta de experiência de causa. Eu vivi, por anos, tentando justificar os fatos, como se tivesse de justificar acontecimentos que não se justificavam, principalmente porque, em meu caso, aliás, como em todos os casos, não houve um motivo visível para a dita separação, mas várias incompatibilidades veladas, diversas críticas maldosas, guardadas sutilmente no tilintar dos talheres, nas reuniões de família, na vida rotineira.

Há muito mais coisa escondida por trás do silêncio do que dos gritos.

E mais, devemos apenas lembrar que conflitos não têm um protagonista, problemas não decorrem de uma pessoa apenas, o motivo não foi dado por um. Logo, ninguém pede a separação. Ao contrário disso, ela se instala como necessária àquelas pessoas envolvidas na trama. Não existe quem deu causa, mas sim a dinâmica de vida do casal deu causa. Nem mesmo na traição há um culpado, nem decorre de motivo deflagrado por um dos cônjuges, mas de ambos. Os dois são responsáveis por a traição se instalar naquela história, ou seja, todos os ônus e os bônus da relação partem do casal e a este cabe a maturidade para assumi-los. Tudo decorre de dentro do ninho e não fora dele. O silêncio suspeito do domingo ou a fuga dele (casal em crise odeia o domingo), a mentira contada para ocultar a falta de felicidade, a insatisfação maior de uma parte naquela relação (isso porque uma parte consegue visualizar mais que outra), tudo isso é indício de que o relacionamento está aos frangalhos, mas tente abordar o assunto, tenta falar com você mesmo que seu casamento acabou.

É a vírgula além da amante, além da agressão verbal, além do futebol, da praia, do Carnaval, da família dele, do filho dela, enfim, de todos os fantasmas que nós arrumamos para esconder o quão insuportável está a convivência, o quão doentio está chegar em casa depois do trabalho e jantar com ele. Aquele com quem compartilhou tantas coisas, e se comunicava muito bem, hoje não consegue conviver, sentir o cheiro – são dois estrangeiros a ocupar o território do lar, ambiente sem fronteira, que se torna, aos poucos, hostil, inóspito.

Eu vivi com um estrangeiro e engoli em seco por muito tempo! Na época inicial, era bem doméstico, dava para levar, depois nós dois sofremos mudanças acentuadas e um não acompanhava o outro. Isso é comum, é o amadurecimento natural que, quando chega, você desnuda e mostra a que veio, uma consequência da vida. Acontece que, quando existem amor e entendimento, sinergia, há como convidar o cônjuge a trilhar com você novos caminhos, mesmo se ele anda a passos lentos, tropeça com frequência, ele vai seguindo lado a lado, é até engraçado de ver. Mas quando não há, tudo é mais difícil e beira o intolerável, ajuntando pedras que ficam guardadas até ser atiradas. Não há diálogo nem compreensão, não tem como continuar de mãos dadas. A solução é, por fim, separar-se.

Vivi um processo de separação problemático e muito dolorido. Muito me custou todo o embate, mas já havia perdido alguns longínquos anos de minha vida, de minha energia. Com muita peleja, coloquei um fim no casamento doente, ao qual sucumbi por sete anos. Só não sabia que necessitava me machucar tanto para me resgatar viva, acordar forte para viver o novo. Eu voltei a sorrir!

Machucar-se tanto. Preste atenção nessa frase, pois ela será abordada várias vezes em casamentos distintos. Aproveite e preste atenção nas atitudes que você tem que lhe trazem algum transtorno, como manias e hábitos nocivos que matam. Esse é um ótimo exercício para iniciarmos a busca.

Creio que a maior dificuldade está na certeza acerca da decisão. Mas as respostas sobre a hora do desfecho vêm em situações bem simples e não demandam muito raciocínio. E atenção: não desconsidere as observações feitas por seus amigos e parentes, sobre seu humor, sua alegria, sua energia. São pequenas palavras pontuadas, pequenos toques que nos servem para acender a luz vermelha e iniciar o processo crítico interno.

Depois, eu descobri o quanto estava amarga por minha falta de brilho. O quanto o casamento tinha sugado minha alegria de viver. A tensão vivia aparente no rosto, sempre tenso e marcado pela sensação de insuportabilidade! Não suportava mais o cheiro dele. Além disso, as constantes crises de amigdalite comprometiam, cada dia mais, a maternidade e meu desenvolvimento profissional. Além de minha falta de humor, de sorriso e de vontade de viver. Meu amargor era geral, não tinha gosto para fazer nada, exceto trabalhar. Trabalhava feito uma operária! Até que, em um belo dia, ao encontrar com uma colega de faculdade, que há muito não via, ela subitamente disse que estava sentindo falta de meu sorriso e me fez a seguinte pergunta: "Por que você está tão triste?"

Aquilo foi o mesmo que um punhal fincado em meu peito! Foi meu momento crucial. Por muito tempo permaneceu dolorido, incomodando meus dias e, por mais que eu tentasse esconder aquela sujeira debaixo do tapete, não dava. Ela aparecia nos momentos mais inesperados. Foi nesse instante que me dei conta de minha dureza, da sisudez que empregava na vida, da falta de paciência com meu filho e de minha vontade de ser eu mesma e acabar com tudo aquilo. Depressão? Se fosse ou não, já não era o caso, aliás, eu nem queria saber mais, certo era que precisava tomar uma atitude e tomei. A duras penas, pedi a separação, grávida de quatro meses de minha filha. Fiz certo? Não e sim. Claro que não, mas não tinha outra forma. Tinha de ser assim, de supetão. Você vai me dizer que eu poderia ter organizado melhor todo o processo, orquestrado melhor os fatos, passo a passo, para evitar novas dores, para não instigar ódio. Mas foi o que eu soube fazer naquela hora.

Há determinadas situações e épocas pontuais de nossa vida em que devemos agir e reverter o caso ou causar um tumulto. Fazer alguma coisa fora dos padrões triviais, já que fazer dentro dele parece impossível. Há dias em que devemos "chutar o balde" e espalhar bastante água, tomar atitudes do jeito que for. Agradeço muito a mim, aos "anjos de guarda" coadjuvantes assistentes, principalmente à minha filha Clara, que me impulsionaram a ser eu mesma, e você vai entender o porquê no decorrer deste livro.

Feito isso, eu não sabia que a separação era (é) o início de uma nova vida e o fim do exaurido e finado relacionamento. É o renascer, mesmo com tanta dor, é um passo para o crescimento.

Há milhares de casamentos acabados que se mantêm "vivos" por interesses, por dependência, por picardia, por doença. São relações alimentadas pelo ódio, pela vingança, pela falta de compaixão e amor-próprio. No meio delas, as crianças perdidas, olhares vazios compõem um falso roteiro, sem estabilidade, sem verdade. O problema é que as crianças sentem tudo, sabem tudo que está acontecendo. Isso gera uma insegurança traumática naqueles seres que somente merecem nosso respeito e dedicação.

Diante de tantos conflitos, tais como os meus, resolvi tirar a máscara, retirar a sujeira que joguei debaixo do tapete, parar de fazer de conta que estava feliz, que adorava arrumar a mesa de café, cortar aquele mamão em linha reta, assim como a banana, tudo perfeito para agradá-lo. Eu não tinha mais condições de suportar seu lado extremamente organizado, em choque com o meu mais "à vontade", sem neuras, mais natural (nós sempre achamos que o problema está no jeito do outro, mas não é). Enquanto ele acentuava tudo, justamente para me chamar atenção, para me atentar para as coisas mais idiotas do mundo – tais como a gaveta desarrumada, o pano de prato fora do lugar –, eu mostrava que, na vida, sempre cabe um pouco de relaxamento, que era melhor aproveitar junto o resto do domingo a ir arrumar a casa. Que é melhor se jogar na areia e encher a cabeleira que ficar enrustido debaixo do guarda-sol!

Libertei-me e voltei para mim mesma! A duras penas, eu renasci.

Há tanta coisa para um homem fazer, além de buscar a organização de sua gaveta, incomodar-se com detalhes cujos valores são tão ínfimos e só servem para criar conflito, não é mesmo? Há tanta coisa para se fazer a dois... E, muitas vezes, os casais se perdem nas questões mais idiotas e dispensáveis. O motivo? Incompatibilidades, cansaço, falta de diálogo, falta de verdade, entre outros. Por isso lhes digo, um casal se forma com pessoas compatíveis. Pessoas altamente organizadas devem se casar com outras estritamente organizadas. Assim não há choque. Se o senso comum afirma que "os opostos se atraem", na prática, isso se torna bastante problemático.

Veremos, no decorrer do livro, com base nas histórias aqui narradas, que cada relação tem sua própria característica e pesa sobre ela uma tormenta a ser vencida, haja vista que os relacionamentos são verdadeiras escolas da vida. Assim, se você prefere colocar toda a sujeira debaixo do tapete, é opção sua. É preciso que você tenha consciência de que está a alimentar um buraco onde certamente irá cair. Nenhuma relação vive por muito tempo guardada debaixo da omissão, da provocação, do silêncio. A dois, devem-se dar as mãos e seguir o caminho com plenitude, com a pureza e confiança da infância, e com a malícia gostosa da paixão. Esse é o tempero. E isso somente ocorre se o dorso suportar a exigência, se as dificuldades forem pequenas, diante da enorme satisfação em viver juntos. É chegar o fim do dia, provar daquele cansaço juntos, ficar ali, sentados, só para encostar os braços um no outro. Isso é um afago, e o silêncio gostoso diz tudo que a vida a dois exige e proporciona. Viver juntos é um mesclar de várias relações em uma só, tais como amizade, fraternidade, amor e muita paixão. Não se engane pensando que a paixão acaba e você vai viver só de amor. Amor você tem por seu filho, mãe, pai. Sem esse ingrediente a vida a dois não vinga, a relação não tem sustentação. Quando você está apaixonada, o fardo fica mais leve, há uma questão a mais para viver com ele. Agora, se ele virou seu irmão, esqueça, a relação já acabou.

Pois bem, cheguei a uma situação em que não suportava mais conviver com aquele marido e precisava sair daquela cilada, rápido. Mas por quê? Não sei. Não havia ofensas nem desentendimentos, na verdade, nós nunca brigamos. Nem disposição para brigar ou discutir o conflito eu tinha. E quando não há vontade nem de brigar é porque não existe nada em você que clame por aquele homem.

Quando, timidamente, mencionei para uma amiga que queria me separar, ouvi a seguinte pergunta: por quê? Você não está exigindo demais, pedindo o inalcançável? Ele é um homem bom, decente, trabalhador, e uma infinidade de predicados. Não sei se estava desejando uma forma de relação sonhadora, inexistente, perfeita. Todavia, estava certa de que aquela relação não me servia. E se casamento fosse aquele martírio que vivia, preferia viver só.

No entanto, motivo palpável e aparente eu não tinha. Ninguém tem nem precisa de mais, além da insatisfação pessoal. Porém, passei a me perguntar por que eu me casei com ele. Aí o discurso mudou, o pensamento ganhou outra forma. Por que você se casou com ele? Responda. Faça um paralelo e certamente não encontrará respostas palpáveis, mas aquele mormaço quente, dentro do peito, que indica uma indisposição flagrante.

Essa sensação mata! Ela mostra que as flores secaram e não há mais água para regar o jardim. Morte homeopática, um pouco a cada dia e, morrendo à míngua, com a sensação de viver suspensa no ar, contabilizando um dia após o outro. E não havia vontade de tratar daquele doente, só uma preguiça assustadora diante daquele cenário.

Você merece viver leve e feliz. Isso, não há família nem dinheiro que pague. (Falo isso porque várias pessoas não se separam por conta dos filhos ou do cartão de crédito.) Mas há pessoas que valorizam mais o cartão de crédito que os filhos ou qualquer outra felicidade. Esse caso real está narrado aqui.

Na separação, não há um motivo, mas um conjunto de motivos que talvez não precisem ser nominados nem explicados, apenas sentidos. Há tanto grito calado nas entrelinhas... Há tanto sapo entalado na garganta, sufocando o peito, que dispensa justificativa.

Separei porque me cansei. Separei porque meus filhos cresceram e eu queria viver para mim. Separei porque cansei da indiferença. Separei porque... E porque cada um tem seu motivo. Mas eu não me separei, ninguém se separa sozinho. Nós nos separamos, haja vista que, quando um pede a separação, é porque o relacionamento já acabou, porque ambos permitiram, omitiram, quiseram, fizeram de conta que não viram, ou foram imaturos diante da circunstância e não souberam agir em prol da relação. A separação não vem de um lado só, e sim emana da convivência, nasce no ninho. Parece que a relação gera aquele óvulo e o vai alimentando. Ele vai crescendo, crescendo, tomando corpo e, de repente, vira um monstro que destrói tudo.

Os motivos que levam o casamento ao fim demandam uma interpretação mais ampla, de pontos detalhados da vida a dois. Por isso este livro tem o intuito de trazer, na prática, a clareza dos fatos diários, acerca da crise ou do fim.

Estou vivendo uma crise passageira ou chegamos ao fim?

Há vários casos verídicos de casais que superaram a crise e retomaram suas vidas, conquistando-se mutuamente, pois eram compatíveis, como outros que se separaram. Este livro visa ao discernimento acerca da existência de uma crise, um desgaste, descaso ou fim. Essa conjuntura é de difícil aferição por quem vive o relacionamento e por saber que minha dor e meu ofício não eram só meus, mas de tantos outros casais. Creio que as histórias aqui narradas poderão ajudar a quem passa por uma crise ou a quem está incerto, sem saber qual rumo tomar.

Uns perdidos, outros já falidos. Será que não há volta? É possível crer na reviravolta?

Narro fatos dos quais participei diretamente, como amiga ou advogada dos casais, de alguns amigos, outros clientes que, certamente, irão nos ajudar nessa busca.

Para que viver mal? Por que me castigar com essa relação ruim? Caro leitor, no decorrer deste escrito, eu farei a você várias perguntas, para que possamos interagir com o tema, para que possamos saber se estamos bem, se estamos vivendo uma relação ou uma mentira e procurar o melhor caminho para um desfecho que não seja apenas satisfatório, equilibrado e sensato. Mas um desfecho que seja um novo caminho, uma nova possibilidade.

Boa leitura.

Capítulo 1

Casar

O que é o casamento, por que quero me casar?
Primeiro, para que o casamento exista, deve haver amor, mas muito amor, algo indefinível por palavras. Um sentimento diferente, graduado, que supera toda e qualquer crise, que deve vir combinado com paixão, admiração, respeito, cumplicidade, unicidade, confiança. Não somente! É necessário mais algumas coisas que não possuem definição por palavras e sim pelo sentimento. Será que sinto tudo isso? Será que estou pronta para me casar? O casamento não é uma brincadeira, é uma das mais importantes decisões que tomamos em nossas vidas, justamente porque vamos conviver com o todo da pessoa, seus defeitos, seus problemas, suas inseguranças e tudo mais. Também não é uma obrigação, e jamais pode se portar como um fardo sobre as costas. Ao contrário disso, deve ser leve e encarado como uma gostosa e prazerosa consequência de uma tranquila vida a dois. Essa percepção se dará conforme seu nível de consciência em lidar com uma pessoa cuja educação é diferente da sua, por mais que tenham afinidades. Esteja certo de que haverá muitas diferenças. E muitas dúvidas e perguntas. Como tudo na vida, o novo gera insegurança e não é diferente com o casamento.

Casamento não é fantasia. A fantasia é algo necessário, inerente à vida, porém, você não deve ignorar a realidade e se prejudicar. Casamento é mais que trocar alianças em Paris, que erguer o castelo onde guarnecerão a princesa e sua aliança, o vestido de noiva, tudo isso faz parte de uma satisfação pessoal, daí passar por cima de você mesma, de seus ideais, desrespeitando-se para manter uma relação é outra coisa.

Casamento não é uma obrigação, lembre-se disso e, partindo de tal pressuposto, você não tem obrigação de se casar nem de se limitar em datas, considerando o insistente marco da idade entre mulheres. Além disso, esteja certa de que você pode optar pelo modelo de relação que quiser para si. Há pessoas que se decidem por não se casar, outras por casar-se e não ter filhos, outras apenas querem ter filhos, sem se casar. Você não precisa se casar para ser uma pessoa plena e realizada. Muitas vezes não queremos nos relacionar, ficarmos presos a ninguém, mas agimos assim por protocolo social ou autopunição. Nesse quesito, há apenas um detalhe: quando sua opção envolver outra pessoa, terá de se submeter a outra opinião, outra criação, outra forma de vida, porque sua vida não será mais composta por seu mundo apenas, já que ela não será só sua. A relação é uma união de duas pessoas, mesmo quando se tem filhos. Além disso, a relação está acima de um ou do outro, por isso se fala em nome da relação, apesar de não haver motivo nenhum acima de você nem de mim que justifique um relacionamento. Nem filhos. Logo, a relação é uma opção. E por ser uma opção deve ser prazerosa, ritmada pela cumplicidade e conforto de se ter um ao outro. Jamais deitada sobre o leito do fel, da intolerância, do ódio.

Há casais que vivem presos pelo ódio. Namoram anos e se casam por comodismo, porque estão na data limite do tempo de relação, ou porque querem ter filhos, ou porque estão sozinhos há muito e logo necessitam manter uma relação com alguém, mesmo que seja doentia. Você não precisa de nada. Apenas de sua saúde, de seu trabalho, de sua lucidez, de sua alegria de viver. Onde há vida, projetos, entusiasmo, há tudo. E o todo benéfico, limpo, vem de acréscimo. Esse acréscimo leve, imperioso, brilhante que lhe traz prosperidade, inclusive no amor. Por outro lado, a obsessão pelo casamento lhe traz o risco de entrar em uma relação doente.

Falo muito sobre o limpo, o amor verdadeiro, todo sentimento desinteressado. Esse amor, que é um misto de respeito, interesse, encantamento, é que nos leva ao altar. Agora uma pessoa que vive à margem do que é correto, à margem dos princípios básicos que um ser deve ter, não pode ser escolhida para viver um casamento real, mesmo porque seus costumes e valores irão se misturar com os do outro. E aí? Como posso casar-me com uma pessoa muito diferente social, cultural e financeiramente se vou conviver com ela e sua família em todos os domingos?

Letícia era filha única de um casal de empresários do Leblon. Vivia em um apartamento de alto padrão, tinha feito seu intercâmbio, administrava a empresa do pai e ganhava muito bem. Era a princesinha da família. Em uma festa conhece Marcelo, um cara da periferia que se portava como classe A. Ao se conhecerem, se apaixonaram. Em seis meses se casaram. Quando estavam no namoro, o rapaz dava seus jeitos, era bancário e trabalhava extra com aulas particulares. Possuía um carro popular e não tinha condições de pagar os luxos da namorada. Além do desfalque financeiro, havia ainda o cultural. Era fruto do ensino médio, não falava outro idioma e, nas festividades em família, o moço não abria a boca, quando encontrava os amigos da namorada então... Era um estresse total.

Mas o cara era bonitão! E Letícia cismou que agora ele seria seu par, estava exausta de se relacionar com os fortões lindos de Ipanema e região, e quem sabe com ele vingaria. Sabe aquela ilusão que nós mesmas criamos, tipo, "eu nunca senti isso antes! É o cara feito para mim"? Meninas! Meninos! Isso é fantasia da nossa cabeça. Não existe. Sejamos racionais para fazermos melhores escolhas, por favor.

Pois bem, em que pesem todas as gafes cometidas pelo pretendente, que lutava diariamente para se adequar ao nível da moça, vivendo sempre no aperto sem poder ser ele mesmo, com base em sua educação e conhecimento da vida, também estava fascinado pela casa dela, pelo mundo que ela lhe proporcionava!

Eis a falta de pureza da relação. Quando estou apaixonada, não devo tomar nenhuma atitude porque estou tomada por um desvario delicioso que me absorve os sentidos. Não tenho visão nem lucidez. Logo, tenho mais chances de escolher errado.

Letícia e Marcelo se casaram às expensas do pai, que custeou toda a luxuosa festa e também comprou um apartamento para a filha, no Leblon, tendo tomado todas as cautelas de praxe quanto ao risco de transmissão do bem. O rapaz continuou trabalhando em um banco na periferia, região onde ainda residia sua mãe.

As exigências começaram a crescer, o tempo no trânsito começou a prejudicar a vida do casal, porque o deslocamento demorava em torno de três horas por dia, o que interferia diretamente na rotina de Letícia. Assim, pediu ao pai que arrumasse um emprego para o marido na empresa. Daí se aprofundaram os problemas. Foi conflito de toda ordem. Nesse momento, Marcelo sentiu na pele o efeito nocivo do domínio da moça e iniciou o questionamento de uma relação que acabara de iniciar. Além disso, ele tinha um filho de 8 anos que, vendo a nova vida do pai, cismou de morar com ele, na casa que Letícia ganhou, e poder usufruir de tudo.

Conflito acentuado travado entre a distância social, financeira e cultural do casal. O menino também queria conforto e boa vida, já que vivia assoberbado de limites. Sua mãe era assalariada e até sua bolacha preferida era regrada ao final de semana e, vendo o pai gozar de boa comida, boas roupas e imponentes passeios, iniciou uma crise avassaladora.

Diante da resistência em levar o menino consigo para o Leblon, foi proposta uma ação de alimentos com base na nova vida do pai, cujo ofício para aumento de pagamento de pensão foi entregue na empresa, que passou a ser envolvida na questão. Outro fato que agravou ainda mais o problema, sem falar que, antes disso, a mãe entrou com uma execução de alimentos, que culminou no pagamento de um valor considerável, desembolsado por Letícia.

Desgastes a postos, a família tomou uma decisão. Mandou o casal ir morar na Inglaterra. A moça inventou um curso para melhorar seu inglês e o pai bancou a vida do casal, dando uma mesada ao marido que, muito embora tenha acatado todas as decisões tomadas, não se opondo verbalmente, viajou insatisfeito, deixando para trás seu trabalho, sua vida na vila, seu filho e todo o seu projeto.

Em uma dessas calorosas discussões, Letícia perguntou ao marido a qual sonho ele se referia quando reclamara que havia deixado para trás todo o seu projeto de vida, porque viver na favela não deveria ser sonho e sim pesadelo, bem como trabalhar naquele banquinho e ser assalariado, não tendo condições sequer de pagar o condomínio do apartamento onde vivia, o que também era uma vida miserável. A partir desse momento, a situação se agravou muito e o pai, tentando tapar o buraco aberto pela filha, deu ao casal dois meses de curso fora, tendo combinado com ela que arrumassem lá um emprego e seguissem adiante, esquecendo-se do Brasil.

Duas vidas, duas classes sociais abissais em suas diferenças.

Mencionei essa passagem como lembrete de que, quando nossa decisão envolver outro ser humano, como nós (como o marido de Letícia), não podemos avaliar somente nosso querer. De um lado, a paixão, a vontade de se casar logo; de outro, a origem e os projetos do rapaz que foram engolidos pela manipulação da família rica. Parece-me muito cruel a "compra" do passe do rapaz que, apesar de tudo, se "vendeu" ao encantamento da Zona Sul.

É um tema difícil, todavia o trouxe à baila para esclarecer que uma pessoa egocêntrica, muito voltada para si, baseada em seus interesses, tem muita dificuldade de se relacionar com outra pessoa, porque a relação a dois é feita de renúncias, ajustes, concessões. Não dá para eu decidir ir morar aqui ou acolá, ir para a Inglaterra ou Leblon, e olhar para o outro como uma mala que carrego ou um acessório que coloco quando quero me enfeitar.

Nesse caso, Marcelo tinha um filho de 8 anos e abriu mão dele para ir embora viver dois meses fora. Tal decisão foi tomada contra sua vontade, obviamente porque era um pai presente e dedicado, que foi seduzido por uma moça poderosa por quem se apaixonou e, diante dos problemas decorrentes de sua escolha, não teve opção. Teve de ir para a Inglaterra. Resta saber se vai permanecer lá somente por dois meses.

Será que Marcelo tinha noção do que iria ser de sua vida com a escolha de se casar com Letícia? Será que pensou nas diferenças e a problemática delas decorrente? Não, porém sentia nas entrelinhas que o fato de ser pobre, de origem simples, já lhe afetava o namoro, quiçá o casamento, e em vez de dar ouvidos ao que dizia sua mãe, com propriedade, o que diziam seus amigos, o que dizia sua consciência, deu ao relacionamento. Agora está fora do país tentando proteger uma relação que mal começou.

Ao permanecer na posição de observadora e participante do romance dos dois, eu não percebia em Letícia qualquer egocentrismo consciente. Ela não se colocava sobre o marido de forma incisiva, mas com muita delicadeza caminhava sobre suas trilhas com cajado escondido entre as árvores, sinalizando, sobremaneira, o melhor caminho.

Nós, mulheres, já temos essa característica nata na condução da situação. Somos nós as responsáveis pelos laços e entrelaços familiares, nós que aglutinamos pessoas na mesa de domingo, organizamos a vida social do casal, buscamos sempre uma saída para o problema. No caso de Letícia, por ter uma invejável situação financeira, seu "poder" se apresentava ainda mais forte.

Devemos ter em mente o estado sempre vigilante quando conhecemos uma pessoa, devendo enxergar as qualidades, observar bastante, todavia ficar atenta aos defeitos. Estes são diferentes de desvio de caráter. Assim, saberá dizer o que quer para si e para seus filhos. E o que não aceita, como, por exemplo, um homem que não trabalha, que é aproveitador. Há mulheres que se casam com um estelionatário e não veem problema algum nisso. Outras, com traficantes, com todo tipo de gente, e sentem-se realizadas, apaixonadas. Resta saber se seus valores – ou a distorção do que se entende por valores – aceitam os valores daquela pessoa. Se há um compartilhar nesse quesito, talvez, com a tendência da parceira nas práticas delituosas, sendo que muitas mulheres se juntam com determinado tipo de homem e são cúmplices deles; seja no que for, estão ali apoiando.

Porém, fiquem atentas, falta de caráter difere de defeitos.

E os defeitos serão recebidos com tranquilidade? Aceitar minhas qualidades é fácil. Quero ver amar meus defeitos. (Lembre-se sempre dessa frase.)

O amor é calmo, seguro, equilibrado, não traz sofrimento. É altruísta, é limpo. Não permite interesses, nem vaidades ou agressões! Vejam que faço aqui um recorte quase bíblico acerca do amor. Se você tem alguma dificuldade ou noção sobre o que é amor, terá dificuldades em iniciar e manter uma relação conjugal verdadeira. O amor não necessita dizer "eu te amo" o tempo todo, nem mesmo ligações perturbadoras o dia inteiro. Não exige conversa pelo whatsapp, nem emojis, e sim o silêncio, a paz. As pessoas confundem amor com paixão, com entusiasmo, até com falta do que fazer. Gente desocupada vive amando 24 horas por dia. Pessoas sérias, que trabalham o dia inteiro, que têm suas responsabilidades, que são comprometidas com sua própria vida, tendem a discernir melhor o que é uma coisa e outra. Não vivem de brisa nem dependentes de uma mensagem no celular.

Então, observe se seu lindo namorado tem noção do que é doar-se ao próximo, ser cuidadoso, ter carinho, amor, e não atrapalhar seus projetos, certamente conviver com ele irá lhe trazer paz e bem-estar. Ao contrário disso, se a pessoa ficar importunando, tirando sua paz, desconfiando de tudo, não lhe trará bons fluídos e irá provocar um sentimento de agonia e destempero que provavelmente a levará ao caos emocional. Mas a opção de conviver com ele ou com quem você quiser é só sua. Não há vítima de nenhuma relação. Você não é obrigada a se relacionar com ninguém. Tem o precioso direito de escolher com quem se relacionar. Relações doentias são compostas por duas pessoas. Essas duas pessoas escolhem com quem irão viver; mesmo que isso soe um absurdo, nós temos escolhas e escolhemos com quem iremos casar, quem será o pai de nossos filhos. Mas talvez nossa percepção não apure em tempo certo e real quem é aquele homem doce que se aproxima.

Como nos casos reais que aqui trago, a pessoa escolheu conviver com um dependente químico, casando-se com ele, e tem de arcar com o ônus de sua escolha. O que posso esperar do convívio com um dependente químico? E você pode observar que o vício dá seus sinais no início da relação, porque não há como ficar nada escondido, exceto quando o envolvimento se dá com pessoas doentes, bem doentes. Aí realmente podemos enxergar isso como uma fatalidade, apesar de depender do grau de maturidade ou sentido da pessoa que se permite uma experiência desastrosa. Serve até para o aprendizado.

Lembram-se do caso do maníaco do parque? Certo é que ninguém se casou com ele porque está preso, porque provocou paixões mesmo depois dos crimes cometidos. O surpreendente (ou triste) é que, depois de todas as atrocidades que cometeu, depois de ser condenado e preso, recebeu inúmeras cartas de mulheres apaixonadas, que certamente iriam se casar com ele, caso não tivesse sido recluso. Isso prova que a paixão cega mesmo e nos leva ao autogolpe. Ou seja, elas seriam vítimas caso viessem a sofrer uma violência ao se relacionar com ele? Sem falar nessas que se apaixonaram, há aquelas vítimas que ele matou por seduzi-las em uma esquina, prometendo fotos exuberantes e fazendo-as subir em sua precária moto; e há tantas outras que se apaixonaram pelo louco e, sem dúvida, com ele trocariam sua aliança.

Podemos falar em vítima?

Outro caso se refere ao par violento. Lembram-se do que eu disse sobre a época do namoro e casamento? Pois bem, nesse período você conheceu uma pessoa, depois disso ela se transforma em outra. Na verdade, ela só explora seu lado "sarcástico" que sempre teve guardado dentro de si, e você ou não viu ou não prestou atenção. Ficou a todo tempo focada só nas qualidades do rapaz. E depois ele vira um demônio. Agride-a física e emocionalmente, e a mulher, sem ter outra opção, permanece refém daquele monstro. Esses casos são típicos da Lei Maria da Penha, que foi elaborada para todas as mulheres vítimas de violência daqueles com quem mantêm relacionamento socioafetivo.

Na maioria dos casos, a mulher casa com um homem legal, divertido, e eles se curtem reciprocamente. Ele bebe socialmente e não se altera. Com o passar do tempo, ele começa a beber mais em dias de semana e com a pressão do trabalho, ou problema com filho, ou por seus próprios registros, vira um alcóolatra. Realmente ela não casou com um, mas ele se transformou. E começa a agredi-la, a criar coisas, delírios oriundos dos efeitos delirantes da bebida. Ela, que já tem seus três filhos, não ganha o suficiente para criá-los nem tem como sair de casa. O que vai fazer?

Sabemos que milhares de mulheres são agredidas física, emocional e sexualmente, todos os dias, quando não são mortas por seus parceiros. E tais crimes, na maioria das vezes, são precedidos de ciúmes doentios, álcool, drogas e afins. Mormente decorrem de desequilíbrio evidente.

Nesses casos, que não alcançam somente a classe C e D, mas todas as classes sociais, a mulher é vítima de uma pedra no meio do caminho, algo que nem ela nem ele poderiam prever. Mas aconteceu. E agora? Todo esse conflito foge do fim da instituição. Ninguém casa para viver uma tormenta, menos ainda para ser violentada.

O casamento é exatamente o contrário. Envolve amizade, compreensão, diálogo, perdão, entendimento e resolução de todos os impasses de forma harmônica.

Porém como não nascemos prontos, às vezes nos atrapalhamos em nossas escolhas, algo bem comum de ocorrer. Eu não posso ter vergonha de errar! Devo ter vergonha de não tentar ser feliz, no modelo que escolhi para mim, conforme minha concepção de relacionamento.

Por isso creio que, via de regra, podemos observar mais e saber onde estamos pisando. Tentar assim reduzir, ao máximo, o percentual de erro, as chances de escolher um desequilibrado, um viciado ou coisas do gênero.

Que ideia eu tenho do casamento? O que espero dele?

Será que para eu me sentir realizada preciso me casar? Não posso namorar a vida toda? Preciso ter uma pessoa ao meu lado em tempo integral, dividir minha cama, meu despertar maravilhoso com aquele olho inchado, o cabelo atrapalhado, meu ronco feroz que me sufoca na madrugada e me faz acordar apavorada, enrolando a língua na saliva, no ar que não respirei, gerando um constrangimento horrível, além de meus ataques de nervos, os quais escondo para evitar maiores zombarias... Preciso mesmo dividir meu banheiro intimista, sujeitando-me à chatice dele, dos protocolos que exigem o casamento? Aquela rotina que assenta e nunca mais toma pouso...

É fato que se você conhecer uma pessoa hoje, ela será supersimpática. Vocês terão assuntos mil, irão falar sobre músicas, filosofia, cinema, poesia, política e ainda tomar aquela cerveja para brindar a noite. Depois irão dançar a noite toda e voltarão destruídos para casa, ainda assim com ânimo para ver amanhecer o dia! Você certamente irá se apaixonar por essa pessoa, porque combina muito com você. Isso difere bastante da rotina. Vai acordar todos os dias ao lado do namorado para ver... Aí a conversa é outra. Muda o tom, muda o cabelo, muda o sorriso, começam as exigências, começam as implicações insanas que um tem de querer mudar o outro. Isso é uma loucura! Logo vêm a carga positiva e a negativa tomando espaço. E diante do negativo, haja amor para suportar. Pode ser o mais rico e o mais lindo do mundo.

Não se engane! O casamento é chato. Namorar é estado simpático, é a parte boa da vida a dois, por isso devemos nos alongar o máximo que pudermos porque o romantismo cativa muita coisa entre o casal, principalmente a formação de sua base, a conquista, a cumplicidade que nos deixa mais preparados para enfrentar momentos difíceis.

Todavia, é de todo importante conseguir manter o dois, a base e o acessório, o tempero da relação. Se conseguir assim, estará no paraíso, justamente por se tratar do maior desafio dos casais, sendo esta a tarefa mais difícil: combinar amor e paixão e uma pitada de sexo selvagem (risos) por longos e longos anos.

Não raras vezes, pessoas que experimentaram o casamento não suportam a ideia de se casarem novamente, de construírem suas vidas com outras pessoas, ou porque se sentem realizadas ou porque estão traumatizadas. Ao contrário disso, querem namorar por um bom tempo, ou quiçá pela vida inteira, mostrando, sobremaneira, a objeção ao matrimônio. São as linhas traumáticas não entendidas que se formam como pilares de um novo ser pós-separação, o encolhe, restringindo-o em seu mundo. No entanto, com o tempo novos interesses vão ganhando forma na vida das pessoas, e com o passar do tempo tantas coisas acontecem que muda o rumo, e quem não queria ouvir falar de casamento encontra-se preso a novas relações, o que é muito saudável.

Bem-vindo à turma dos casados novamente, porém há uma questão: seu marido atual tem alguma coisa semelhante com o antigo? Se tiver, procure um terapeuta agora!

Retornando ao caso, eu preciso mesmo dividir minha vida, minha rotina, ter de calcular o tempo para tudo, aguentar o mau humor quando este impera na manhã de segunda, fazer cara de linda quando não estou nem um pouco de bem com a vida, para viver com outra pessoa? Dar satisfação de tudo que irei fazer, para onde vou, para onde fui e ainda ter de suportar a família dele?

E se ele tiver filho de outra relação, então, prepare-se para o terror! Homem, na maioria das vezes, apesar da nova guarda compartilhada, sente-se culpado por se considerar ausente da vida dos rebentos. Carrega sempre um olhar piedoso e frágil quando o assunto envolve seus filhos ou alguma requisição deles. É chantagem de um lado, vitimização do outro, uma dinâmica quase doentia, com raríssimas exceções.

Sem mencionar os distúrbios emocionais visíveis, devemos nos atentar para os nós implícitos, escondidos em cada personalidade, com seus próprios engodos, cuja origem vem da gestação, mora no subconsciente e traz à superfície da alma conflitos e desequilíbrios que são de difícil aferição, logo se torna obstada a busca pela cura. Trata-se do sótão de cada um, no qual se acumulam as sujeiras existenciais e nossos registros.

Sabemos que somos uma soma de consciência e inconsciência. Temos questões, alguns conflitos que nem sabemos que possuímos e seus efeitos são devastadores. Também não temos consciência do porquê e de como se manifestam. Assim, convivemos com os desequilíbrios decorrentes de nossa caixinha de surpresas; são os nós que às vezes possuímos desde a gestação, de que não temos consciência, o que compromete as relações do entorno. Por isso há pessoas que não suportam uma crítica, são autoritárias, agressivas, caladas em demasia, falantes, acusadoras, vítimas, e tais comportamentos comprometem não só a relação a dois, como também a relação da pessoa no trabalho, com os amigos, e assim por diante, o que mostra a dificuldade de transitar nos relacionamentos.

Conviver com uma pessoa com determinadas "perturbações", com crises de depressão e insônia, não é tarefa saudável, porque os desequilíbrios uma hora ou outra irão desencadear situações agressivas, chatas, difíceis, doloridas. Daí você imagine conviver com pessoas viciadas, aquelas que fazem uso de alguma substância química. Aliás, se você permanecer ao lado de uma pessoa assim, será mais um deprimido ou um drogado deprimido. Não tem jeito. Por isso eu digo, observe sempre o núcleo familiar de seu pretendente, isso é fundamental. Veja se ele tem as mesmas manias histéricas da mãe que se contradiz desde a escolha do prato até o tipo de detergente que pretende comprar, por exemplo. Se tem dificuldade de se relacionar com os seus, os desatinos que sofre e por que e, se forem sequenciais os desajustes, desista. Você não merece isso nem pretende viver no divã ou dopada de ansiolíticos e calmantes. Observe bem como ele trata a mãe e o modelo que ele tem em casa, e esteja pronta para o que vai enfrentar. Se há uma relação respeitosa e cortês entre eles, e como convivem. E esteja certa de que deverá fazer todas as perguntas que vierem à sua mente quando estranhar alguma atitude.

Casamento não é fácil. E você tem todos os motivos para reclamar. Chico Anysio dizia que o homem solteiro tinha de pagar mais imposto porque era mais feliz que o casado, mas se casou por inúmeras vezes.

Casar-se é um convite da junção de duas vidas em uma, praticamente. Onde tudo será dividido, compartilhado, conversado, mutuamente decidido. É compreensão, silêncio, renúncia. Sem renúncia não há relacionamento a dois e as pessoas se perdem nesse conceito. Casar-se pode ser visto como uma grande aventura a dois, em uma relação em que podemos provar os sabores mais sutis, outros amargos e, assim, a trajetória seguirá seu curso, desde que você saiba, de antemão, onde está colocando seus pezinhos, o que realmente quer. Essas nuances serão explicitadas em relações e fatos reais que trarei nos próximos capítulos.

Não pense que será uma saga fácil, baseada em um manual, direcionando como deve agir, quando e como recuar e depois avançar. Não há manual, não há receita. Há percepção, intuição, visão, preparo. Porém, algumas questões podem ser levantadas a fim de evitar o erro, evitar a repetição do modelo recebido em casa, e acender a luz vermelha para que você consiga fotografar sua própria relação.

Quando estiver nessa situação, faça a si mesma as seguintes perguntas e seja o mais honesta possível ao respondê-las por que estou com essa pessoa? Por que quero me casar com ela? Escreva e guarde o papel. Em uma semana retorne a ele.

Muitas pessoas se casam por medo.

Vejo muitas pessoas que, preocupadas em cumprir convenções sociais, chegam aos 30 anos – principalmente mulheres – apavoradas para se casar. Essa data-limite varia de estado para estado federativo no Brasil; a exigência muda. A pressão da família é o fator mais constrangedor e leva pessoas sem discernimento a se casarem por conta do relógio biológico e da tradição, cumprimento exigido pela família.

No interior dos estados, onde se vivem vidas mais pacatas, via de regra as pessoas não esperam muito além de concluir o estudo e melhorar de emprego para se casarem. Essa é a ordem natural da grande maioria das pessoas e elas se sentem realizadas. No interior, os casamentos começam a ser exigidos a partir dos 20 anos de idade da mulher.

Acontece que esse medo está intimamente ligado ao estado psicológico e emocional, sua posição financeira/social que é nutrida pela educação e filosofia de vida que recebeu em casa. Se você sente esse medo, deve procurar um auxílio como suporte, que poderá ser uma terapia.

Todavia, se fizer uma análise crua sobre o tema, em uma época na qual paquerar depende somente de sua vontade, verá que esse medo é coisa criada por sua mente. Conhecer pessoas está ao alcance de um clique na internet, em *sites* de relacionamentos, e não há por que temer, principalmente porque, hoje, as pessoas têm mais acesso à vida das outras, suas predileções e modos de ser, e está mais fácil encontrar uma que caiba dentro de suas expectativas (ou suas exigências) do que antigamente. Atualmente, você pode conhecer pessoas no mundo inteiro, ter várias opções e mais liberdade de escolha. É cada dia maior o número de casais que se conheceram pela internet e firmaram belas relações conjugais.

Partindo da premissa de que conhecer uma pessoa é uma tarefa simples e muito fácil e de que você está disposta a perquirir esse propósito, verá que poderá conhecer alguém, observar e decidir se quer continuar ou não. A escolha é sua. Não é imposição. Por isso é maravilhoso. Assim, como comandante da nau, terá mais liberdade para fazer o que quiser, com quem pretender.

Costumeiramente, os casamentos são frutos de relações da adolescência. É aquele namorado que você conheceu no colégio ou na faculdade e que a acompanhou por toda a trajetória de vida, desde o vestibular, faculdade, até a formatura e assim por diante. É o *script*. São as convenções sociais.

É certo que somos muito jovens para entendermos todo esse processo, bem como o conceito de amor, aceitação, defeitos, a repetição do modelo familiar, enfim, quando somos muito novos, não temos essa noção, mesmo porque estamos descobrindo o mundo, provando momentos e engatinhando. Não nos pode ser exigido muito. Mas somos pressionados e essa necessidade de cumprir protocolos é responsável por muito casamento errado, que prefiro chamar de experiências de vida.

A meu ver, não há erro nenhum nisso. Há tentativa de acerto. E, assim, vivemos dia após dia, porque ninguém está imune de se separar amanhã, seja pelos quereres, as mudanças dos quereres, seja pela morte. Logo, não há erro. Você não erra por ter casado e descasado e tido filhos, ter se separado e casado novamente. Você erra se persistir em uma relação pesada, falida, agressiva, doente, não se esquecendo de que você aprende a cada experiência. Por isso deve fazer um balanço e valorizar tudo o que foi útil ao autoconhecimento.

Carência

As pessoas alardeiam sobre a carência como se fosse algo bem superficial e de fácil acesso. Mas não é assim tão simples. Considerando a relação entre pai e filha por exemplo, será uma determinante na vida dessa princesa, porque se se sentir desprezada pelo pai – veja que nem sempre o pai realmente a desprezou –, irá procurar guarida em qualquer homem que se aproximar e der um mínimo, o básico; uma atenção mal-intencionada vira proteção. Ou seja, irá se apegar muito fácil e rápido a qualquer demônio que aparecer. Tal reação se dá por conta da carência afetiva que internalizou, em face da relação que foi desenvolvida com o pai. Isso é apenas um exemplo, mormente toda a nossa estrutura familiar, que nos faz aflorar sentimentos e sedimentar conceitos, se comunica com o que fomos, sentimos e vivemos desde a concepção até o que somos hoje, nossos sentidos, principalmente.

Percebo uma carência exacerbada atualmente. Pessoas exigem retornos, exigem emojis, atenção, mensagens de bom dia, boa tarde, saudações ilustrativas e tudo mais. Parece que nenhum afago é o suficiente. Que doença é essa? O homem não é máquina, e o caminho a ser percorrido não é o da internet; mesmo que você o tenha conhecido lá, a situação é outra.

Livre-se da síndrome da carência virtual! Crie monstros, mas não crie expectativa. Antes de volver seus olhos para aqueles, olhe para dentro de você e veja o quanto é doce, compreensiva, amorosa e linda. Você dá origem ao sentimento de carência a partir da expectativa que cria sobre as pessoas. Não é porque uma pessoa não respondeu a sua mensagem que não está lhe dando atenção, menos ainda porque não lhe mandou beijo, não disse eu te amo. Dê mais atenção a si, ame-se e viva. Converse com você mesma, olho a olho no espelho. Curta-se e trabalhe sua autoestima sem abrir buraco para outro tampar.

Nenhuma pessoa no mundo virá para tapar buraco, para encaixar tampa de panela, para dividir lar. Esqueça isso. Nem perante os filhos podemos ter esse sentimento, porque eles crescem e escolhem seus próprios caminhos. Antes de qualquer atitude em busca da realização de seus sonhos, você precisa sonhar com você, observar o que gosta de fazer, como e quando. Depois que estiver pronta, segura de si, conhecendo-se um pouquinho, pode entrar em qualquer relação que certamente estará tranquila e sairá tranquila. Esse é o propósito.

Carência social

Há relações fundadas na falta de aceitação de si mesmo e por isso a pessoa se pendura noutra para se enxergar, para se valorizar (como se assim funcionasse). São pessoas que se sentem menos que outras, complexadas de forma inferior em toda relação. São "preteridas", menos bonitas, menos favorecidas e geram uma fixação em mudar de vida, em alçar voo a partir de um casamento bom. Isso faz com que busquem pessoas que possuam uma condição social melhor e se casam por conta dessa condição que irão ocupar com aquele parceiro. E mesmo que o par não o encante, mesmo se não combinar muito com você, ele tem um bom trabalho, um bom carro, um bom apartamento, a parte interesseira não vai sequer observar o(a) moço(a). Não terá olhos para seus defeitos porque está tão focada no que pretende que todo e qualquer obstáculo é lindo, até a falta de caráter vira um mero detalhe.

Por isso um relacionamento calcado no interesse não prospera. Muitas vezes essa intenção fica guardada debaixo do tapete, e você acredita mesmo que está amando aquela pessoa, mas na verdade ama o *status* dela.

Nem sempre se relacionar com pessoas melhores que eu irão me levar a ocupar um lugar ao sol.

Há o outro tipo de carência social sob ângulo negativo. A pessoa tem uma boa estrutura familiar, mas é complexada. Registrou algumas situações de forma negativa e se acha menos que os irmãos, primos, amigos da escola, colegas de trabalho. Essas pessoas, mesmo depois de alçarem voos altos e conseguirem um lugar melhor, conquistando um maior posto de trabalho, mesmo evoluindo em seus projetos, relacionam-se com outras bem abaixo de seu nível cultural e social porque não se julgam capazes e merecedoras de tanto.

Quando uma pessoa projeta sua vida na vida de outra mostra seu desequilíbrio emocional, por se tratar de alguém que não se relaciona bem consigo mesmo, pois não se aceita. Isso quer dizer que, se você firmar uma relação porque tem medo de ficar sozinha, está se condenando a viver mal ou só. Se você ficar com uma pessoa porque ela lhe completa, está se enganando, porque ninguém completa ninguém. Na verdade, há uma pessoa agradável que tem as características que combinam com você, que tem afinidade, e daí a relação se inicia. Não há nada a ser completado quando você é completa, feliz, tranquila, e ama a vida que tem.

Irei demonstrar casos verdadeiros de pessoas que se interessam pela vida da outra, partindo de uma fantasia que o interesse cria, como exemplo, alguém que tem mais prestígio vem ficar comigo que tenho menos prestígio, como se isso fosse o foco. Valorize-se e será valorizado pelo mundo, e não me valorize, por favor. Isso está errado. Você deve permanecer com uma pessoa porque a convivência dos dois é um acréscimo a ambos os seres.

Assim, vários relacionamentos são fincados em equívocos. Casam-se por tudo, menos por amor.

Vaidade

Eu me apaixonei pelo galã da cidade, porque ele é lindo, simpático, todas as meninas do colégio são loucas por ele. Nesse caso, você não se apaixona, não ama, não admira! É como o caso de Marina, que irei narrar no capítulo 2. Ela não amava seu escolhido. Ao contrário, estava ao lado dessa pessoa e se interessou por ela apenas para satisfazer seu ego. Não é amor puro, amor de verdade, e não dará certo.

Ficar com alguém por vaidade é uma das mais duras escolhas, mesmo porque as pessoas muito perfeitas vendem uma falsa imagem. Ninguém é tão galã a ponto de encantar diuturnamente. Quem firma relação por conta disso não terá sucesso. São pessoas fantasiosas que se montam para impressionar. Analogamente, é como quando você está se arrumando para uma festa, toda descansada e linda, animada e será, decerto, uma mulher encantadora. Outra será essa mulher às 5 horas da manhã, retornando para casa.

Por isso é muito vazio relacionar-se com a pessoa por vaidade. A relação, quando começa a ganhar corpo, vai exigindo mais e mais do casal, como se as questões pessoais se misturassem, e não há um só. Toda a sua rotina gira em torno do outro.

Amor e paixão

Casar-se por atração física não tem como durar. A paixão dura dois anos, quando muito, e depois passa. Não há como sustentar uma relação no sexo, no corpo. É muito frágil, porque qualquer vento derruba uma casa sem estrutura. Veja que tudo que é efêmero não tem estabilidade. Assim é o fato de ser presa à pele. Depois de certo tempo, a relação se acalma, os beijos ardentes viram beijos carinhosos, não há afagos mais profundos, e o sexo fica guardado para a hora dele mesmo. Não que o casamento deva ser morto e sua vida sexual uma eventualidade. Nada disso, aliás se você conseguir manter uma frequência de três vezes por semana está maravilhoso. Como o passar dos anos, isso vai se acalmando gradativamente, mas não descuide.

Logo, se você apenas está para aquele corpão, espere mais tempo para apurar o sentimento. É necessário sabermos o lugar que o pretendente ocupa em nossa vida. Há uns que não passam do limite da diversão e isso é bem saudável, porque você se diverte e não entrelaça. Agora se as diversões forem mais frequentes, observe o que ele oferece além dos músculos, suas predileções, se a prosa é boa, o intelecto, enfim... Agora, se o papo dele for muito aquém de sua expectativa, se você ama a montanha e ele a praia, se você ama ler e ir ao teatro e ele adora *funk*, esqueça. Isso serve para o plano B, aquele que toda mulher inteligente deve ter para ocasiões pontuais, em situações pontuais. Cada um em seu lugar e, se você quer um homem para casar, certamente não será este.

Sempre nos deparamos com situações de paixões enlouquecedoras, que a menina cisma com o mocinho simples e com ele quer se casar. Mas ela vive na Europa, faz intercâmbios, tem casa no campo, na praia, na cidade, e está se relacionando com um menino com situação financeira bem diferente da sua. Isso só serve para a fantasia da novela. Não crie o roteiro "Glória Perez" em sua vida, que não dá certo, porque os opostos não se atraem, e não há sentimento que suporte a discrepância de valores e condições.

Primeiro, é necessário informar que são raríssimos os casos em que essas relações vingam; segundo, quando vingam e se consolidam em casamento, o desgaste ganha corpo. Certamente a mulher contrata um motorista, *personal trainer*, ajudante geral, na pessoa de seu marido, e a coisa complica. Inconscientemente ela desvaloriza o capacho com quem se casou e bota ferradura nele. A personalidade feminina por si só dá gritos altos. Imagine com todo poderio financeiro.

Há um caso muito interessante que guardo com muito carinho. Um belo professor de Educação Física, *personal* em conceituadas academias, conheceu uma administradora de empresas. Ambos lindos, antenados e mostravam certa sintonia. Ela também elegia a comida natural como sua preferida e adorava viajar. Só que o menino ganhava 50% a menos do que ela ao mês. Daí, quando a relação ganhou corpo, iniciaram-se os conflitos.

Ele nunca alcançava o que ela almejava, sempre seu salário era aquém e ele se sentia diminuído. Por outro lado, ela se punia por ter casado com um cara duro, como ela mesma o chamava, que não tinha grana para fazer nada. Quando se casaram, foram morar no apartamento dado pelo pai dela. Ele sempre se sentia um intruso e corriqueiramente era espezinhado pela moça que tinha, a cada dia, mais transtornos.

As agressões da esposa eram previsíveis. Na fase do encantamento ninguém vê as dificuldades. É nessa hora que devemos tirar o pé do acelerador e botar tudo na balança. Esse exercício ajuda a evitar muitos prejuízos de ordem emocional, principalmente.

Esse casamento foi baseado na paixão que sentiram no início. Corpos malhados, olhares instigantes, sorrisos sensuais, e por aí uma série de artifícios físicos. Mas nenhum deles entrou na alma do outro. Nenhum dos dois ultrapassou a barreira do inconsciente, do que estava dentro da caixinha.

Em uma noite fria de outono, Júlio fez um jantar para a amada, já que adorava cozinhar, inventar pratos e testar receitas. E a mulher estava trabalhando em outra cidade e iria chegar naquela noite. E visando agradá-la, fez um risoto de camarão maravilhoso. Pôs a mesa, elegantemente, conforme o índice de exigência da moça, e a aguardou com essa surpresa.

Quando ela chegou em casa, não demonstrou qualquer reação com o todo que seu marido havia lhe proporcionado. Aquele instante foi um marco na vida de Júlio, que já estava na contagem regressiva esperando o famoso pé no traseiro.

Naquela noite, Júlio sentia a faca lhe talhar a carne. Sentiu seu peito ser comprimido contra a parede como se estivesse prensado entre duas tábuas. Teve uma crise de choro descontrolada e a dor tomou conta de si. Não suportava mais o peso daquela relação e a grossura de sua mulher. Desconfiou até de que ela estava com outro.

Ver um homem desabafando sobre essas dores não é tarefa fácil nem comum, porque sempre se portam como os mais duros, mais calados, e mesmo quando são fotografados em sua decepção, procuram se esconder detrás dela.

Nesse caso, Júlio narrou, detalhadamente, seu sofrimento. Dizia que desde o namoro sentia a diferença que a situação financeira de um afetava a relação, e, nesse caso, ele quase sempre tinha dificuldade de acompanhar a namorada em suas viagens, em seus compromissos, projetos, enfim, em sua vida. E como precisava guardar dinheiro, havia conflito sempre. Mas não desistiu da relação. Seguiu. Na maioria das vezes ela pagava para ele viagens, restaurantes e afins e isso lhe fazia mal. Quando se casaram, ela foi promovida na empresa onde trabalhava e fazia cursos e cursos. Era considerada por si mesma uma mulher perfeita, capaz de ganhar o mundo se assim quisesse. Ele ficava observando e lutando cada vez mais. Assim encontrou uma oportunidade para ser sócio de uma empresa com um amigo. Passaram-se dois anos, esse amigo desviou dinheiro dessa empresa e veio a falência. No auge do conflito, da falência da empresa, do trâmite de várias ações na justiça, cobradores pretendendo receber seus créditos, Beatriz, cansada de tanto tumulto, inventa uma viagem sob o falso motivo de relaxar um pouco, já que estava para explodir pelos problemas do marido. Mas seu inconsciente buscou essa viagem para lhe mostrar que entre eles não existia o mais importante que há entre um casal: amor e cumplicidade.

Na viagem, a relação havia se acabado. O casal não conseguia conversar no café da manhã, pois brigavam. Ela não tolerava mais os problemas do marido, que voltou antes e sozinho, deixando a mulher lá, a qual, por sua postura, deixou bem claro que não cabia mais na relação.

Júlio entrou em depressão profunda, a ponto de desaparecer por 45 dias de todos os seu alunos, de toda a sua família, de seu mundo. Teve uma crise de depressão forte, e com a receita em mãos foi passar uns dias com uma tia no interior. Somente sua mãe sabia onde ele andava. Nem parentes, nem amigos, nem ninguém tinha notícias do rapaz. Quando retornou estava à base de medicamentos, totalmente dopado. E a dor que fincava seu peito não passava. Era um misto de fracasso e ódio de si mesmo, sentia-se impotente e injustiçado, porque teve essa intuição no início da relação. Fora avisado por sua mãe e amigos que isso não daria certo por conta da condição da moça, mas prosseguiu.

Viu que ela era uma pessoa difícil quando viajavam e ficavam somente os dois. Mas passou por cima de tudo por vaidade. Uma inconsciente vaidade.

Para ele era motivo de orgulho estar com uma mulher bonita, rica e bem-sucedida ao seu lado. Via-se importante por sua presença, mas pagou um preço alto. Pagou com sua saúde.

Tudo isso porque não suportou a "rejeição" da esposa, que aliás mostrou suas garras desde o início, pois não foi suficientemente capaz de abrir mão de seus caprichos para volver os olhos para os projetos do marido. Ela sempre esteve em primeiro lugar, e quando sobrava tempo para ajuste, completava-o com o plano do marido.

Mas, na verdade, Beatriz não o rejeitou. Ela também fez parte do aprendizado que envolveu os dois. Nascida em uma família de militares, com três irmãos e somente ela de mulher, foi rigorosamente cobrada pelo pai. Não estamos falando de muito tempo atrás, mas a menina nunca dormiu fora de casa. Sempre atendeu às exigências do pai e dos irmãos. E para sair de casa, precisava de um guindaste. Precisava de alguém para retirá-la e entregá-la ao mundo, sem ferir seus familiares.

Naquele momento ela não queria um marido. Queria um cara legal para sair, viajar e se divertir. Tinha apenas 23 anos quando conheceu o moço. Mas como se divertir com tanta cobrança e pressão sobre sua cabeça? Veja que o próprio núcleo familiar cria a situação.

Beatriz não amava Júlio. Amava o que ele lhe proporcionava, segurança e sexo.

Então não houve rejeição alguma. Houve a imaturidade dela diante de sua vida, mas são necessárias ao aprendizado as relações que nos servem como norteadoras! Atraímos aquilo que precisamos e toda situação vem para nos fazer prosperar.

O problema é que Júlio absorveu isso como se fosse rejeição, como se ela estivesse diminuindo-o. Assim caiu em crise, justamente no momento que mais precisava do apoio da mulher com quem dividia a casa, justamente porque estava enfrentando um processo de falência com a deslealdade de seu sócio, mas ela partiu. Partiu porque nunca amou esse homem.

Ciúmes

Há casais que vivem juntos, e por esse jogo se mantêm juntos por ciúmes. Por serem inseguros, por não saberem quem são, por não se entenderem bem consigo mesmos, vivem rodando em volta do outro, em vigília, criando situações, desconfiando de tudo, com a cabeça cheia de assombrações. Por quê? Porque onde não há nada para alimentar sua relação, deve existir algo para decifrar o motivo de estar juntos.

Há o ciúme moderado, considerado normal, que é aquele instintivo que todo ser tem, logo não é desse que estamos falando. A partir do momento em que ele é a viga-mestra de sua relação, ele é doentio, considerando inclusive o nível de perturbação que nele reside.

O ciúme doentio é catalisador de seus mais profundos registros de desequilíbrio e insegurança, e o ser, quando se sente ameaçado, aciona sua defesa, crente de que esse é o melhor caminho. A pessoa equilibrada, que vive um casamento tranquilo, confia em sua relação com seu companheiro. E se qualquer coisa que a desabone aconteça, imediatamente é tudo conversado, por isso não há escândalo, agressões, nada.

Motivar uma relação sob esse aspecto é porque ainda não existe relacionamento. Há pessoas superinseguras que se unem por essa compatibilidade! Uma pessoa doentia de ciúme sempre se une a outra com a mesma característica. E ambos enxergam maldade em tudo e por aí seguem uma estrada de sofrimento e de pertubações.

Sérgio era um homem bonito, trabalhava em uma multinacional, ganhava bem. Era discreto e sutil. Afeito ao sexo sem agredir, sem exageros. Conheceu Joana, uma mulher tão linda e dinâmica quanto ele, que também se apaixonou. Com dois meses de encontros e tal, ele começou a expressar seu ciúme doentio, vasculhando suas redes sociais, seu telefone, questionando horários, lugares, tudo. Ligava no meio da tarde para lhe fazer perguntas sem sentido, insinuando traições por parte dela. Mas era uma pessoa agradável quando estava tranquilo.

Com o passar do tempo, Joana conversou bastante com ele, sentava-se calmamente e começou a questionar a situação quando descobriu que Sérgio tinha sido abandonado duas vezes, depois de ter pego suas ex-mulheres em flagrante com outros homens.

Ora, certamente se Sérgio tivesse buscado uma terapia, seja ela em grupo, sozinho, reiki, alguma coisa, teria se organizado internamente sobre os traumas que sofreu. As pessoas creem que tudo que lhes ocorre no âmbito imaterial têm competência para resolver sozinhas, sem ajuda de profissional. O problema é que, além de não resolverem, pioram a situação, porque aumentam o rombo causado pela insegurança e a ideia de não ser homem o suficiente para segurar suas mulheres.

Sérgio, certa vez, teve um relacionamento de cegar os olhos e cismou de reatar a dita relação na madrugada. De posse da chave da casa da mulher com quem estava saindo, não namorando, mas vivendo uma relação tumultuada, surpreendeu-a (ou foi surpreendido) com outro na cama.

Essa ocorrência destruiu uma parte desse homem, por sua própria natureza, o que refletia em todas as suas relações. Quando começava a gostar de uma moça, quando conhecia uma pessoa legal para se relacionar, entrava em desespero, crente de que iria passar pela mesma situação.

Por isso, se você está se relacionando com uma pessoa ciumenta, aquela que cria uma situação do nada, que vê coisas onde não existem, fique atento e procure ajuda. Você poderá ajudar uma pessoa legal, como o Sérgio foi ajudado. Depois de alguns meses de perturbação, sua mulher o auxiliou muito ouvindo seus traumas, dando apoio ao seu tratamento, que se iniciou pela participação em um Centro Espírita e, em seguida, na terapia; depois, na terapia de casal, o que trouxe uma base forte e estrutural aos dois.

O casal seguiu adiante e venceu todas as questões que assombravam o romance, que virou amor e casamento. Tiveram um filho e estão vivendo de forma estável. Isso não quer dizer que não têm questões e conflitos para resolver. Todo casal tem suas dificuldades. Precisam se ajustar. E o amor serve para isso, proporcionar a paz, tranquilidade, cumplicidade, entendimento, compreensão, e não tirar a paz como faz o ciúme e outros tantos sentimentos distorcidos.

Isso é amor.

CRISE DOS 7 ANOS. Casais começam a se estranhar e caem no conto da crise temporal que não passa de uma crença popular, cuja origem se baseia em um clássico de 1955, *The Seven YearItch* (*O Pecado mora ao lado*), nada mais que ficção. Estamos em 2017 e não podemos manter viva a superstição daquele tempo distante. Mas há várias pessoas que se prendem a tal nomenclatura, para não reagir diante de si e do parceiro.

Crise maior em um relacionamento é a dos primeiros dois anos de adaptação. Um se adaptar ao sistema do outro, aos quereres, à dinâmica de vida, à forma de acordar e dormir, às manias, ao todo que envolve o cotidiano do casal.

Isso sim que é difícil. Nesse período, você se vê em situações das mais torturantes, e há dias em que consegue superar, mas há outros em que não suporta mais e dá sinais de que irá desistir. Quantos e quantos casais pensaram em desistir do casamento nesse período? Quantos não se calaram diante dos nós que encontraram nesse tempo? Quanta coisa deveria ter sido dita e não o foi?

Por quê? Nessa fase primordial para os dois tudo deve ser dito, e se em exagero, não importa. Diga assim mesmo. É melhor liquidar os assuntos para que não permaneçam empilhados em sua cabeça apertando seu peito e comprimindo-o contra a parede.

Por isso, a fase dos primeiros dois anos é difícil. Vejo casais, que se davam muito bem, se estranharem nessa época, justamente porque uma coisa é namorar, outra é conviver. Até com o jeito que ele se veste você começa a implicar. É bem difícil.

Assim, diante da noção básica do que é relacionamento e o quanto precisamos amar, entender, aceitar para mantê-lo, esteja certa de que terá de ter uma situação financeira próxima de seu pretendente, bem como cultural, social, enfim, deve haver compatibilidades prévias, porque se você se casar com uma pessoa que ama montanha e odeia a praia e você é amante do sol, certamente terá um sério conflito em sua relação. Veja nos exemplos que demos no decorrer da leitura, de que casais compatíveis, formados por pessoas semelhantes, já enfrentam séria dificuldade de relacionamento. Imagine então os incompatíveis.

Capítulo 2

A Farsa

Fazer de conta que está tudo bem, que está feliz naquele casamento e viver carregando esse peso no dorso é o maior castigo que você pode dar para si mesmo (mesma). Por que viver uma trama, um drama, se posso viver uma relação real? Por que viver digladiando? Qual a finalidade de viver em um conflito?

Marina era uma menina delicada e recatada, falava baixinho, tinha olhos verdes e cabelos castanho-claros, lisos, até a cintura. Uma boneca linda, que não andava em turma como a maioria das meninas eufóricas do colégio. Mostrava-se tímida na escola e com restrições em seu meio social, não tinha os traços leves e brincalhões como os dos adolescentes da época. Era bem seletiva e vivia triste. Filha de uma família de pequenos empresários do interior de Minas, com a típica composição familiar: pai, mãe, filhos e uma amante. Seu pai, que proporcionava algum conforto à família, via-se no direito de desfrutar do mundo como bem entendesse, já que, quando mais novo, entendia que não tinha recursos para gozar das coisas boas da vida, conforme seu conceito de "aproveitar seu tempo". Já que trabalhara a vida inteira, não teve infância, tinha direito de se realizar, e merecia um agrado sexual mais ardente, agora que os filhos estavam maiorzinhos.

Na verdade, seus casos amorosos não se iniciaram com os filhos grandinhos, mas com o nascimento dos filhos. Assim que eles nasceram, ele colocou em prática o que sempre internalizou. Ser o comedor da cidade. E, se viver as coisas boas da vida para uns é exatamente se entregar à família, para outros isso é entediante. Ser feliz depende da formação de cada pessoa. Para ele, o conceito de homem macho era ter a família e mais algumas assistentes por fora. E agora que poderia ser completo, isso quer dizer, ter uma família "estável" e algumas mocinhas agregadas, aproveitou a atenção da mulher aos rebentos e pôs em prática o que sempre cultivou. O cultivo pode surgir no interior como ideia guardada há muito, ou como prática corriqueira. Depende do afã de cada um em realizar seus desejos.

Agia-se em casa como se ninguém soubesse do que ocorria, porém foram diversas as vezes em que as crianças ouviram discussões entre os pais sobre a amante mantida fora de casa, cena rotineira na vida familiar. Sempre sem a presença dos menores e crentes de que assim estariam preservando os filhos, a vida de ambos era marcada por torrentes emocionais agressivas. Mas os filhos tinham ouvidos poderosos e liam faces e olhares, logo tinham total percepção de que os pais não viviam bem.

Enganam-se os pais ao acreditarem que, por algum momento, enganam as crianças, crendo em uma incapacidade cognitiva por parte delas! Elas são seres em formação e, embora não tenham discernimento apurado para compreender as palavras com significados próprios dos adultos, são capazes de captar toda a energia descarregada naquele "lar", e isso dispensa palavras. Bastava sentir o olhar da mãe e do pai, o ranger de portas e de dentes, o tenso existir cotidiano. Apenas esse cenário era capaz de destruir a fantasia das crianças, sem falar no ódio que a mãe, sua genitora, exalava a cada discussão.

O conceito de família, montado com base nos protocolos costumeiros, foi usurpado pelos pais, que não souberam conduzir o compromisso com o qual se vincularam. Cuidar da família, tendo lado a lado uma mulher, filhos e uma sociedade que não mais admite determinados comportamentos, nesse caso, masculinos, com base na visão machista e deturpada que outrora viveram. O que uma mulher espera de um homem quando se casa com ele? Quando o escolhe para ser pai de seus filhos? Por essa nova roupagem feminina, por a mulher não aceitar esse comportamento, é que iniciaram os conflitos que culminaram com a separação. Não se aceita o que a alma rejeita. E a mulher, apesar de ter evoluído muito no quesito emocional, ainda engatinha, em face da obrigação que carrega nas costas acerca da preservação do ente familiar. Pela família, por tentar protegê-la, a mulher ainda engole muito sapo.

Naquele tempo, eu digo uns 20, 15 anos atrás – apesar de, atualmente, o modelo continuar vivo –, era esperado de um homem que tivesse condição de agradar, materialmente, uma companheira fora do casamento, que o fizesse. Essa relação era cultivada pelos agrados e assim mantida, com presentes como roupas, perfumes, assistência sexual, alguma mesada informal para compensar os encontros sazonais. Todo o investimento direcionado à escapadela, que virava uma história, um mito bem guardado e servia como elixir, valia o esforço. Essa era a diversão dos homens do interior. Via de regra, viam-se no direito de ter um agrado, uma mulher mais nova, bem mais nova, de corpo perfeito, afeita a realizar suas peripécias sexuais. Não havia mal nenhum nisso se sua mulher aceitasse a situação, isso porque existe uma união onde há duas ideias e vários acertos.

Creio que esse comportamento masculino tenha mudado com o avanço da mulher, em busca de sua independência emocional, financeira e sexual, o que a tornou uma ameaça aos maridos "arteiros", que poderiam carregar, a qualquer momento, um par de "chifres". Isso porque, quando a mulher ultrapassa a redoma dos afazeres domésticos, do envolvimento com os problemas dos filhos, ela começa a enxergar a dinâmica da vida real e o movimento dos desejos, a ocorrência de fetiches, a cortina do mundo por trás das ilusões.

Sim, caro leitor, muitas relações "clandestinas" – e eu as coloco entre aspas porque podem ser clandestinas para você e para mim, mas cada um sabe onde seu calo aperta, onde sua solidão dói – são situações comuns. Traição não existe. Ninguém trai por nada, e o traidor não é culpado, então os desabafos devem trilhar pela reflexão. E toda mulher ou homem traído sabe bem o que está acontecendo e pode tomar uma atitude. Posar como vítima é mais cômodo, é claro. Mas certo é que não existe vítima. Existem pessoas que querem viver debaixo da cegueira e, para não terem trabalho, se conformam em viver uma vida medíocre. Agora, se o modo de vida adotado por seu companheiro não lhe incomoda, não há motivo.

Retornando às relações extraconjugais, estas nascem das ilusões das quais necessito para ser feliz. São mistérios que nós mesmos criamos, em nossas mentes, pela falta de conhecimento próprio. Por algum sentimento contido, deixamo-nos levar por uma qualidade física, pelo encanto e ilusão, pela docilidade da outra parte – lógico que ele desperta desejos ultra-ardentes, ele não dorme com você todos os dias –, e isso serve para alimentar uma fantasia criada por você mesma. Ou podemos acreditar que, na verdade, ninguém a criou. São casos comuns do chefe que desencadeia o desejo reprimido em "pegar" a secretária, da mulher que vive insatisfeita com o casamento e se apaixona pelo *personal trainer* ou pelo pediatra, do empregado que se apaixona pela patroa, pela vizinha, pelo professor. Enfim, todas essas paixões se desencadeiam porque o desejo já existe reprimido ou apenas contido dentro de você.

A ilusão de ter o inalcançável! De ter quem você muito admira e quer dominar. Daí surgem diversas situações e histórias, por nossa falta de noção sobre o assunto que ainda não foi maturado, o cometemos vários vacilos, ou vários momentos marcantes! E não pense que a válvula de escape é adotada apenas por homens. Muitos universos femininos anseiam pela mesma necessidade. Pelo ardente desejo de viver! O que é ilusão, respeitando sempre que cada um vive como quer! E como quiser ser e adotar uma forma para sua vida. Sua forma é sua.

Qual é a sua? O que a incomoda?

Diante da possibilidade de ser feliz, da distorção sobre o que é ser feliz, resolvemos buscar as opções que a vida nos oferece. E isso não se dá porque o casamento está ruim, e sim porque a pessoa está insatisfeita e crê que com o casamento e a assistência fora dele a vida estará completa.

Há várias opções existentes ao alcance "do traidor", que não é um traidor e sim um vivente, aí a mulher resolve viver as coisas boas da vida com o pagamento na mesma moeda, então vem o conflito. E temendo que no inverso feminino possa ocorrer da mesma forma, as peripécias masculinas diminuíram, apesar de ainda ser um traço muito forte na sociedade. Para se ter uma ideia, a proliferação de doenças sexualmente transmissíveis entre mulheres casadas aumentou. E o macho provedor, além de dar conta do recado fora de casa, fazia cumprir seu papel em casa, mesmo que a esposa se tornasse apenas um objeto de uso.

Na maioria de casos assim, a mulher, violentada emocionalmente, ainda permitia a violência física, quando se deitava com o marido, por deitar sem qualquer vontade ou prazer. Haja vista que se via na obrigação de suportar mais uma ejaculação do provedor, em prol da família, vendo-se tratada como mero objeto, o que deixa a impressão de que a evolução feminina se deu em alguns setores, ficando em outros ainda estagnada.

Pois bem, voltando ao caso real, as brigas entre os pais de Marina eram horrendas, apesar de abafadas. A amante foi notícia na família, escancaradamente, e o caso chegou à escola. Todas as amiguinhas sabiam quem era a namorada do pai de Marina, os presentes que ganhava, e o avanço da relação seguia no bochicho.

A menina, cada dia mais retraída e reprimida, seguia seus dias na escola!

A mãe de Marina, mulher recatada e de pouca conversa, mantinha sua rotina entre o pequeno mercado, comandando seus funcionários e os cuidados ínfimos com os três filhos, sendo Marina a única mulher, a caçula do casal.

Os filhos percebiam todo o mal-estar, principalmente no almoço de domingo, que era um dia pesado e de poucos detalhes, parcos olhares e incômodo velado. Quando a família se reunia em volta da mesa, fazia-se de conta que tudo corria bem. O riso amarelo decorava rostos incrédulos, olhares enviesados se chocavam, atentos ao semblante do pai – visto pelos filhos como um cafajeste mentiroso, mas um pai –, e a mãe, como vítima da falta de caráter do marido, em companhia de uma puta nova que ameaçava destruir a família. Mas a família realmente existiu? Qual conceito nós temos de família?

Leitor, na introdução deste livro, eu disse que faria perguntas, de forma corriqueira, a fim de que possamos pensar, conjuntamente, sobre a realidade atual em que vivemos e as situações às quais nos submetemos, mesmo porque minha dúvida não é só minha e o que escrevo não é só meu. Toda inspiração que tenho advém de pessoas reais e personagens criados a partir de situações verdadeiras, sejam de meu mundo profissional ou pessoal. Logo, o conteúdo é nosso e a indagação também. Quando tivermos as respostas, continuaremos nosso saudável debate.

A mãe de Marina vivia cada vez mais angustiada, principalmente quando recebia notícias de que o fruto do seu trabalho estava servindo aos desejos da amante do marido, em presentes. Em cidade pequena, de tudo se fala, e cada peça de roupa que a dita comprava e era paga pelo marido alheio chegava, rapidamente, à mãe, em casa ou no mercado, por uma ligação telefônica. Eram anônimos mostrando à cega sua cegueira. Mas a cegueira não existia. O que havia era inércia e leniência, por parte da esposa, em relação ao caso.

Muitas vezes, quando nos deparamos com casos assim, principalmente na família, pressionamos os nossos a tomarem uma atitude. Todavia, cada um tem seu tempo, sua forma, seu jeito de agir. Decerto, a relação não existia mais, mas e a coragem para tomar uma decisão? E o medo? E o castelo que fora construído, durante uma vida, em torno da história? É tudo muito complexo, e este livro visa trazer um momento de reflexão. Não digo solução, porque não a tenho, mas convido o leitor a percorrer comigo um caminho possível, de elucidação dos fatos e das condições expostas. Talvez, ao final da leitura, cada um se veja refletido em uma das inúmeras histórias reais que irei contar, ou muitos se reconheçam na forma como se deu o desfecho e, quiçá, essa imbricação sirva de esclarecimento para os próprios conflitos.

Sentindo-se cada dia mais sufocada pela realidade na qual se encontrava, a mãe/esposa encontrou no silêncio a forma de preservar a família, tornando-se, assim, uma pessoa cada dia mais dura, mais amarga. Sem paciência para cuidar das funções inerentes à vida de casada, para as quais se preparou a vida inteira, com as quais sonhou e idealizou por toda vida: cuidar dos filhos, cuidar da família e do mercado que conseguiram a duras penas, colocando-o em franco andamento. Assim, sentia no trabalho uma forma de se esquecer da realidade e poder se distrair, ocupar a cabeça, fazer de conta que estava tudo bem. Acontece que, qualquer dinheiro que entrava, ela buscava um modo de empregá-lo. Em uma reforma da casa, em um projeto em comum, a fim de evitar que sobrasse algum valor para a amante do marido. Isso virou uma psicose. A cada dia uma reforma, um projeto sem qualquer fundamento. Ela ficou louca.

Havia, no entanto, uma frustração que acumulava, trabalho além da conta, domingos pesados, filhos abandonados, e até a igreja, aonde acostumava ir, já não tinha mais encanto.

Parecia definhar!

Assim correu toda a infância de Marina que, aos 15 anos, conheceu Pedro, cujo apelido era Pepé. Ele trabalhava na única rádio da cidade, era aprendiz e extremamente carismático, ganhava a confiança das pessoas. Tão logo alcançou a idade, virou referência em atendimento e camaradagem no meio em que vivia. Com tanta simpatia, as meninas da cidade se encantavam por ele e se debatiam para merecer o amor daquele homem bonito, sedutor, trabalhador e que estava prestes a ser um homem bem-sucedido, considerando que era o protagonista de todas as festas da cidade. Assim, transitava em todas as classes e entre todas as pessoas. Tinha acesso aos jovens, aos adolescentes e às autoridades para quem pretendia fazer os eventos. Era o cara da capa!

Já beirava os 24 anos quando se aproximou de Marina, então com 16, ainda no colégio, uma menina timidamente encantada pela vida. Naquela ocasião, ele já possuía o carro mais transado da cidade, usava as roupas mais lindas que ali apareciam e era um verdadeiro galã, disputadíssimo! Namorá-lo era como ter um troféu nas mãos! Troféu este que as meninas da mais alta sociedade mineira disputavam, digladiando-se pelo que convencionaram chamar de amor.

Paparicada pelo rei da cidade no quesito sedução, Marina caiu na armadilha da repetição do modelo que recebeu em casa. Com ele namorou e, enquanto isso, ele "ficava" com metade das demais meninas, e causava vários dissabores e estragos a Marina, oito anos mais jovem que ele. Foram cenas de verdadeiro terror, travestidas e maquiadas de ilusões, do tipo "você vai ser meu, de qualquer jeito, porque eu te amo e foi meu primeiro homem e eu não tenho a mínima condição de ficar sem você, logo agora que descobri o mundo".

Marina acreditava que amava além da conta. Amava mais o homem que a si mesma. Espelhava nesse tal amor aquilo que desejava amar, não o que era de fato. Trata-se de outra questão, que será abordada, veementemente, neste livro: a desvalorização de si mesmo/mesma, em nome de um pretenso amor. E por esse sentimento desmedido, ela, Marina, expôs sua própria pele. Virou cena comum aquela menina recatada do colégio ser vista, nas madrugadas, em locais considerados impróprios – como as zonas boêmias – atrás do namorado, que sempre terminava as noites no "puteiro".

A princesa assumiu postura de plebeia desenfreada e perdeu a noção. Diante de seu quadro familiar, não seria surpresa escolher um cafajeste para ser seu marido. E se deu muito mal.

E, mais uma vez, ela se deixa iludir. Acreditava – como muitas outras mulheres também um dia acreditaram – que um filho iria mudar tudo. Agarrou-se a essa frágil ilusão e, por fim, engravidou de seu amado e com ele se casou, em uma cerimônia maravilhosa, de dar gosto de ver. Ah, se tudo aquilo ali fosse real! Ela adentrou na igreja com orquestra tocando, cheia de luz e alegria, com olhar apaixonado que descrevia: agora tudo mudou, meu amor. Com tudo isso e nossa semente, é claro que seu mundo cão perdeu a importância.

Acontece que criamos fantasias para mascarar nossa realidade. Acorde, princesa: nem igreja, nem vestido, nem flores, nem filho muda ninguém. Como mero detalhe, seu marido piorou. Parecia que o casamento lhe dava sensação de prisão, e ele então continuou a manter as amantes, na cidade e em cidades vizinhas, para ampliar a variedade. Ele tinha esperteza ímpar nesse quesito.

Aos 30 anos, quando a filha tinha apenas 4, Marina desencarnou, acometida por um câncer de útero fulminante, descoberto havia apenas seis meses, mesmo fazendo exame preventivo anualmente. Os comentários que corriam aos quatro cantos da cidade eram que o galã havia mantido relação estabilizada por mais de um ano com uma puta que atendia em um prostíbulo da cidade. Diziam que a referida moça, alta, morena, de cabelos longos – uma verdadeira perfeição – chegara há pouco tempo na cidade e fora contratada para uso exclusivo, ou seja, somente para ele, fazendo-lhe as vontades, desde as mais simples até as mais altas extravagâncias sexuais, tendo ele se apaixonado por ela. Diziam, ainda, que Marina fora vítima, constantemente, de doenças sexualmente transmissíveis e escondia tal fato de sua família, e que não havia cuidado que vencesse tanta promiscuidade. Em decorrência disso, veio a falecer.

Apesar de toda a paixão, ou doença – interprete como quiser –, Marina já não conseguia ter relações com o marido havia anos, pelas agressões emocionais que sofria por parte do comportamento inescrupuloso do esposo, e apenas cumpria com o ritual de emprestar a ele sua concavidade para manter e satisfazer seu traço machista de dar assistência em casa e fora dela. "Meu pau é o mais poderoso do mundo." Ou seja, tenho várias na rua, mas dou conta da minha casa, para que ela não precise buscar outro homem. "Eu sou o cara!"

Assim, leitor, eu inicio este livro com base nesse caso real, e mais outros tantos que trago para mostrar a quem tem dúvidas, a quem vive em uma relação doente que, além dos protocolos e convenções sociais, há vida! Há vontade, há felicidade, antes de um câncer, de uma úlcera, depressão e afins. Falo para as pessoas, principalmente mulheres que se matam em nome de uma realidade familiar que não existe, a família margarina. Isso é ilusão! Todo casamento é difícil, traz momentos bons e ruins, por mais que o casal seja superantenado. A questão está exatamente nos defeitos, nos pequenos problemas que diferenciam o casamento real daquilo que é idealizado, preconizado no imaginário coletivo como sendo o ápice do "foram felizes para sempre...".

Acontece que uma regra deve existir, não apenas na vida a dois, mas também na vida de cada um, individualmente. A regra é: não colocar nada debaixo do tapete. Diálogo verdadeiro, sempre. Quando tiver de falar, terá de falar de tudo, da forma que der e sem rodeios, expressar o que aceita e o que não aceita, o que incomoda, o que tem dúvida, enfim, falar de tudo é uma forma de iniciar uma verdadeira relação de cumplicidade e amor. Como dizia Fernando Pessoa, "Para ser grande, sê inteiro", e, além de tudo isso, é preciso saber discernir, diferenciar os sentimentos. Ora, amor é além da paixão, além do tesão. Amor é fraterno, humano, puro, diferente dos demais sentimentos, apesar de a relação não se manter sem a soma entre o amor e o fervor da paixão. Eu não posso só amar, tenho de amar e ser apaixonada, ao mesmo tempo, pela mesma pessoa. E é justamente nessa soma que reside o equilíbrio desejado. É a pitada de pimenta, para dar um sabor especial ao prato.

Aproveitar-se de minhas qualidades é fácil! Difícil mesmo é curtir e aceitar meus defeitos! Outro aspecto capaz de derrubar uma relação é o desconhecimento dos defeitos de si mesmo e de outrem. Quando se casa com uma pessoa, devem-se conhecer tais defeitos, pelo menos os mais aparentes, porque há aqueles que aparecerão com o tempo. Isso será no decorrer da história, no afã da travessia.

O problema é que, quando estamos apaixonados, há a tendência em idealizar tudo. E, envoltos pela névoa do romantismo, valorizamos somente as qualidades positivas da pessoa, como se fosse o último ser existente no mundo. Sob o manto fosco do encantamento, não nos permitimos pensar que aquele ser lindo, bem-sucedido, bem-humorado, alto-astral possui um lado antagônico, inseguro, com sérios problemas de autoestima, passível de frustrações abissais, complexo de inferioridade, foi ou ainda será rejeitado, traído, entre uma série de perturbações, cuja convivência trará um diagnóstico minucioso de quem ele/ela realmente é. Cabe a cada um decidir se irá continuar na relação, se realmente quer continuar a dividir, a partilhar a vida ou não. E isso não é nada demais. O problema é que, do alto de nossos castelinhos, não somos capazes de enxergar a realidade, e nos envolvemos pela atmosfera efêmera que vemos refletida no fosso de nossas ilusões.

Mas como será possível encarar essa realidade e assumir as rédeas da própria vida?

Percebo que a mulher – e falo da mulher porque ela é vista pela sociedade como mais sensível – torna-se aquela que busca sempre manter a relação, porque é mais voltada à família, ao aconchego dos filhos e não à satisfação pessoal. É, segundo as representações sociais, inerente à mãe colocar-se em segundo plano para atender e proteger os filhos. Condição que também precisa ser repensada. Lembre-se de que Marina se foi por conta de uma relação centrada na repetição do modelo de subserviência e abnegação que viu em casa. Esse fator é preponderante e irá fazer toda a diferença em nossa análise.

Por isso, fique atenta ao modelo que está ofertando de espelho para seus filhos, que certamente irão se basear no que viveram na infância, principalmente na figura da mãe, genitora.

A mulher conseguiu evoluir muito socialmente, principalmente no quesito profissional. Hoje, elas são chefes de família, responsáveis pelo sustento do lar, assumem multitarefas com uma agilidade assustadora, porém, na hora de decidir por elas mesmas, claudicam. Na hora de tomar consciência de que viver em um lar doente, mentiroso, onde impera o suspense, as mentiras veladas, não é ruim somente para os adultos ali envolvidos, os quais fingem compor uma família, mas também para os filhos. Eu diria que o impacto maior de tudo fica para eles, que estão na casa, envolvidos como parte frágil na bolha cinzenta, a que convencionaram chamar de instituição familiar.

Há uma incongruência no conceito de família, composta sob o manto do faz de conta, fingindo que vivem todos bem. Rejeitam-se claramente, mas mantêm-se firmes no teatro que protagonizam.

Por isso convido-o, leitor, a uma viagem por vários casos, todos reais, mas com uma pitada de ficção necessária à preservação da privacidade dos sujeitos ativos, reais, aqui envolvidos. Espero que, no decorrer dessa viagem, cada um consiga retratar, paulatinamente, a própria relação, com base nesses exemplos.

Casamento: eu preciso viver presa a ele ou ele precisa de mim? Eis a questão...

Eu preciso fingir que vivo bem, ou preciso viver bem e enfrentar toda e qualquer situação para isso?

Eu vivo com ele por vaidade ou por autopunição? Por medo de ficar só ou por falta de discernimento sobre o que é realmente um casamento?

Vivo com ele por comodismo?

Várias são as perguntas que surgem sobre o tema e, no decorrer deste livro, várias delas virão à tona, para que se possa chegar à conclusão se devemos continuar ou devemos mudar a rota do navio. Para onde devemos ir? Ser verdadeiro e humano é o melhor caminho, por isso, a escolha do companheiro, a escolha do modelo de relação está intimamente ligada ao discernimento nosso como ser humano, com base em nossos princípios e valores, que são personalíssimos, principalmente no modelo que recebemos em casa, não no sentido de reproduzi-lo, como o fez Marina, que na verdade deveria ter revolucionado a vida triste da mãe, mas não era esse seu perfil. É muito difícil ir contra aquilo que foi aprendido desde a gestação. Aquilo que impregna em nossa pele, em nossa memória, em nosso caráter.

Infelizmente, há vários outros casos semelhantes ao narrado. São muitas e muitas Marinas. Todavia, tudo depende de um quesito importante: o que eu valorizo? Aonde tenho condições de chegar? Tenho condições de aceitar meu marido, mesmo com um desvio de caráter? Uma coisa é ter defeito, outra é ter desvio de caráter. Lembro-me de uma cliente que me apareceu que foi casada com um pedófilo que abusava dos amiguinhos de seus filhos e manteve-se firme até sua morte, nunca tendo abordado com aquele homem o assunto. Passou a vida tomando antidepressivos e até hoje vive à base deles. Por isso é importante sabermos o que realmente importa.

É de suma importância saber identificar a diferença entre os dois. Cuidado com isso. Eu estou disposta ou não estou. Isso eu aceito, mas isso não tenho condições.

Conheci outras mulheres, outras tantas Marinas, que se submeteram à mesma situação, em que a amante do marido, considerada em segundo lugar, não era o bastante para desestabilizar a relação. Mantiveram seus casamentos sem deixar macular a "família" tradicional. Aparentemente, corria tudo bem, porque, vivendo sem trabalhar fora, elas precisavam contar com o conforto proporcionado pelo esposo. Logo, diante dessa real submissão, aceitam as migalhas do pão e do marido, não vendo problemas ao vê-lo gastar com uma amante, afinal ele é o único provedor do lar.

Aí a aceitação é outra. Eu tenho o benefício de ter o que quero, sem trabalhar. O que é maculado de amor e aceitação. Como ele sozinho sustenta as duas, não há do que reclamar. Se não soasse como um ruído dolorido aos ouvidos, seria a solução. A melhor solução encontrada pela mulher que valoriza esse tipo de vida. Por outro lado, também mulheres que contribuem financeiramente com a manutenção do lar, trabalhando fora de casa, sujeitam-se à existência de uma amante, por medo de manchar o nome da "família" diante da sociedade, o que, a meu ver, é uma loucura. O que é importante é meu nome, minha integridade física e moral, e partindo da premissa de que eu sou minha prioridade, não há família acima de minha satisfação na vida, seja ela profissional, no casamento, etc.

E há muitas vivendo debaixo do manto da comodidade, porém infelizes, cultivando mágoas e ressentimentos, carregando em sua mochila o sopro morno do intitulado autofracasso, como mulher, ser humano nu, antes de filho, marido e qualquer outra instituição ser mais importante.

Sinto muito, mas minha realização como mulher, como ser humano, não cabe em um cartão de crédito. Prefiro trabalhar duro e poder escolher com quem eu quero ficar. E quando me cansar de tudo aquilo, pegar minha mala e seguir adiante, sem pestanejar.

Eu, mulher, quem sou? E o que quero para mim mesma? Sou feliz o suficiente para tecer um ninho de amor e tranquilidade para meu filho?

No caso da mãe de Marina, que silenciosamente mostrou aos filhos que, embora aquele modelo fosse agressivo, inadequado e totalmente inaceitável, ela se submetia a ele, em uma condição deplorável e humilhante, a tal ponto que não teve como se conter, como fazer de conta, de nada adiantou tentar preservar a família, porque sua omissão e submissão doutrinaram a filha que tanto tentara proteger. Por ter sido esse "exemplo" de mulher, perdera Marina. Teve, portanto, um prejuízo bem maior. E perdeu a filha porque, inconscientemente, lhe ensinou que viver daquela forma era o certo.

Ou você aceita os fatos, verdadeiramente, com leveza e abraça a condição que escolheu para si, ou se separa. Ou fica doente. Não podemos viver fazendo de conta que somos felizes, porque pai e filho curtem o fim de tarde de domingo.

Ela declarava, em sua face, a humilhação pela qual passava, quando dedicou toda a sua vida primeiro ao marido, ajudando-o a montar a vida em comum, pois, quando se conheceram, eram dois adolescentes e foram se formando juntos: estudaram, tiveram o primeiro emprego, as primeiras tentativas de crescimento e, por fim, construíram uma vida em conjunto; depois, principalmente em volta da empresa, que montaram juntos, debaixo da cumplicidade de ambos. Segundo a família. E ela? Qual espaço tinha em sua vida para dedicar-se a si mesma? O que realmente fazia sentido em seus dias? Tudo isso gerou uma frustração imensurável, principalmente porque a parte financeira dos dois estava envolvida em um mesmo projeto. Logo, sentia-se traída por quem sempre estivera ao seu lado.

A sensação de ser traída é uma das piores e a mais difícil de ser superada. É uma dor que amansa, mas de difícil esquecimento, não apenas pelo sexo, em seu conceito mais carnal, mas também pelo intuito da enganação. Ou seja, quem é capaz de enganar em um aspecto, engana em todos os outros. Confiança não é qualificada pelo quesito ou pelo assunto, e sim pelo todo.

Há casos narrados no livro de casais que passaram pelas mais doídas experiências e conseguiram reconstruir a relação, mesmo sendo em cima de vários tropeços e muita dor. São essas realidades que trago, para que você tenha condição de ver onde sua vida matrimonial se encaixa e, caso decida pela separação, que ela possa ser tão civilizada como foi o ajuntamento.

Após a morte da filha, a mãe vive um luto eterno. Por vezes, esbalda-se com a presença da neta, é cópia total de sua mãe e abranda o sofrimento. Nesse caso, o sofrimento pela perda da filha tomou todo o espaço de sua mente e de seu coração. Todo o seu projeto de vida virou algo bem pequenino; nem a traição do marido, a mentira, o dinheiro, o projeto de vida, tudo se tornara pouco diante do ocorrido. Perdeu o sentido de viver, os dois filhos já não contam com sua sanidade.

Creio que a mãe não tomou consciência de que a filha só repetiu o modelo que vira em casa, escolhera um homem com o mesmo perfil do pai, as mesmas preferências e afinidades, em uma versão mais elaborada, com mais recursos, em um mundo em que as doenças proliferam-se com mais rapidez, e as notícias com mais velocidade.

Por isso, devemos pensar qual exemplo somos para nossos filhos. Qual é a mensagem que eu passo e qual deveria passar? Fazer de conta que sou feliz, em nome da manutenção de um castelo que construí? Ou reagir e mostrar para meu filho que tenho coragem, que ele merece um lar limpo, leve, sutil, para que possa absorver os verdadeiros valores da vida, o bom caráter, o respeito ao próximo para que, se ele passar pela mesma situação, tenha coragem de lutar pela felicidade, por si mesmo?

Certa vez, peguei a estrada com meu filho e ele me perguntou o que era herança. Eu expliquei o sentido jurídico da palavra e completei, dizendo que a herança mais valiosa que eu poderia deixar para ele era a coragem. Coragem para decidir o que quer para a vida dele, para não ter vergonha de ser quem realmente é, do que quer fazer. Coragem, meu filho! Essa é a palavra mágica. Ele me respondeu: "Só as pessoas corajosas são livres. Por isso vejo tanta gente infeliz". Caio, meu filho, aos 12 anos.

Assim, ser feliz é algo para os corajosos, e você deve se colocar em primeiro lugar. Sem temer o futuro, que ainda não existe, e sem se prender aos pilares do passado, ruínas em condições atuais, porque o passado também já não existe. A toda oportunidade que tiver é necessário silenciar e se perguntar se está feliz, se a relação que vive é realmente verdadeira. Assim, será honesta/honesto consigo mesma/mesmo. Você não terá outra vida e somente agora pode fazer alguma coisa por si mesmo/mesma.

Capítulo 3

Traição

Ela nunca vem sozinha, nasce primeiro em casa e depois arruma companhia fora dela. Quando ela toma espaço em sua vida, quer dizer que você, de alguma forma, permitiu tal situação. Você não é vítima, nem seu marido (mulher) vilão. Ambos são protagonistas de uma mesma peça, cujo enredo tem um início em comum, porém um fim diferente. Logo, o casal que se une para um fim, une-se pelo todo e não somente pelas partes. Então, atente-se para esse caso interessante:

ELE ME TRAIU E TEVE UM FILHO COM A SECRETÁRIA, e houve várias outras relações extraconjugais paralelas. Para todas as mulheres que colecionou, ele se dizia apaixonado, que iria se separar em breve e que logo viveriam uma linda história de amor, o sonho de todo casal apaixonado. Para todas as suas mulheres, ele dava presentes. Flores surpreendiam-nas pela manhã. Ele era um sedutor profissional. E elas eram realmente tratadas como princesas.

E eu?

Bem, eu me casei acreditando que iria ter uma vida completa e feliz. A casa perfeita, com filhos correndo pela sala, almoço de domingo em família, viagem, cachorro e afins. Eu era perdidamente apaixonada e acreditei ter encontrado o homem ideal, o homem de minha vida.

Todos se casam pelo mesmo motivo, pelo mesmo sabor, pelo que sentimos em uma determinada época. Eu só não sabia que o sonho era único, unilateral, uma fantasia minha. Havia sonhado muito. Agora me dou conta de que tudo não passou de um tremendo engano, aliás, de uma bela escola. A melhor e mais completa de todas, onde experimentei todas as sensações, da satisfação à frustração. Onde iniciei meu processo de autoconhecimento. (Atente-se para isso, leitor.)

Ângela conheceu Pedro quando tinha seus 19 anos, na fase rosa dos sonhos de encontrar o príncipe encantado. Ele, nove anos mais velho, já era um médico, iniciando a carreira de cirurgião, já possuía certa estabilidade. Acabara de se mudar do interior para a capital e se mostrava afeito aos valores tradicionais, o que a encantara de imediato. Ela era uma ambiciosa assistente de uma multinacional e almejava seguir carreira de secretária executiva, mas a possibilidade de ser assistida com o conforto material que ele possuía a fazia crer que o amava além da conta. Amava a ponto de sair de casa e ir morar com ele, de abrir mão de si mesma. Amava a ponto de cometer loucuras.

Ângela padecia de um prejuízo afetivo considerável, por isso depositou em seu "amado" todas as suas carências. Em sua leitura, em seu conceito de educação e em sua expectativa de carinho, ela era preterida entre as quatro irmãs. Acreditava que seu pai priorizava sua irmã em todas as necessidades, principalmente no quesito carinho e aconchego. Para Ângela, o tempo concedido a ela era sempre o que sobrasse, quando desse. Sentia um déficit nessa assistência paterna (masculina) e, desde criança, não verbalizava nem dissolvia esse caroço que foi crescendo dentro de si e se fez evidente e mais prejudicial na adolescência. Assim, virou presa fácil dos devoradores.

Quando apareceu a primeira oportunidade de se livrar daquele ninho doentio que tanto a agredia, daquela nódoa manchando seu peito, antecipou-se na conquista direcionada e intencionada, investindo sobremaneira no relacionamento, agindo com o propósito veemente de conquistar, cada dia mais, aquele príncipe encantadíssimo. Ele, um homem alto, bonito e muito afável. Além disso, estável financeiramente, o que seria um trampolim para se livrar daquela casa simples da periferia de Guaianases onde crescera, livrando-se de toda a miséria material e imaterial que provara em toda a sua vida.

Detalhe: ela sempre fora uma pessoa ambiciosa e interesseira. Sabia tudo sobre as mais nobres marcas de roupas, perfumes, sapatos e luxos femininos, e almejava viver em um lugar melhor, em condições aptas ao seu nível, ao nível que entendia merecer viver.

Hora de se questionar: o que você pretende? Qual seu objetivo na vida? O que valoriza? O que quer construir com essa ou nessa relação?

A possibilidade de mudar a própria condição social e viver em um lugar melhor, com pessoas de um nível cultural e financeiro acima do seu, fazia seus olhos cintilarem. Ângela se surpreendia observando tudo, o carro, o perfume, a mãe, as roupas, os amigos, as predileções, o assunto, o contexto geral do rapaz. Ela se apaixonou tanto pela situação dele que se esqueceu de conhecê-lo. E se esqueceu de si mesma. O foco mudou completamente. Mas o que ela pretendia com essa relação?

A cada dia Ângela comemorava uma conquista junto ao seu amado. Aprendeu a tomar uísque, ganhava roupas que nunca teve condições de adquirir e, em doses homeopáticas, foi se afastando de sua família, onde já se sentia a estranha, haja vista que pertencia a outro núcleo familiar no qual se identificou muito bem: a família dele, que era interessante e perfeita. Já não aparecia para o almoço de domingo, não dormia em casa e, quando participava de algum momento em família, não tinha mais tolerância para participar daqueles instantes simples de intimidade com os seus. Quando participava, pensava: "Eu não sou deste mundo". Estava no auge da síndrome do estrangeiro. Prepotência e soberba subindo acima da cabeça.

A cada dia mais distante, mais estranha, mais arrogante. A cada dia, encrudescia-se mais. O sentimento de silêncio foi substituído pela prepotência. Ângela já não compunha o quadro familiar, o que causou um rombo emocional em seus pais. Nem nas datas importantes fazia questão de comparecer. Sua família havia perdido o valor e o formato. Sua mãe, muito debilitada, entrou em depressão e se via sem forças quando não tinha mais acesso à filha. E esta, alheia à sua família de origem, adaptava-se a uma nova família não sanguínea, a de seu príncipe. Sentia que naquele novo ninho ela se encaixaria perfeitamente.

Além de lindo e bem-sucedido, ele era extremamente sedutor, o que deveria ser o suficiente para acender o sinal amarelo. Era também autoritário e dominador. Gostava de manter o controle de tudo o que fazia. E, aos poucos, costurava a relação como pretendia, manipulando a situação em seu favor.

Quando conhecemos uma pessoa, precisamos nos educar, começar a enxergar nossos defeitos e iniciar a dosagem de nossos repentes, visualizando e acomodando o ímpeto nocivo da personalidade que todos têm, mas que precisa de ajustes. Para isso servem as relações, para nos educar. É nessa hora que nos deparamos com esses erros de fábrica, esses arquivos corrompidos, guardados no HD. E devemos, antes de voltar os olhos para nós, observar sempre e muito a pessoa que estamos conhecendo. Isso é fundamental.

Nem demorou tanto, iniciaram-se os conflitos afetivos. Ângela não conseguia se abrir com seus pais nos escassos diálogos formais e, em uma conversa enviesada, surgiu uma acalorada discussão com sua mãe que, súbita e descontroladamente, lhe disse que não havia criado uma filha para se deslumbrar com dinheiro de homem e que ela estava envolvida com ele por interesse. Não tinha criado uma filha para se anular, por conta de um falso relacionamento. Calorosamente sua mãe disse tudo e estava certa de que a filha estava se vendendo ao novel trazido por seu relacionamento.

Prestem atenção: adultos e crianças, no que dizem nossos pais. Apenas prestem atenção.

Naquele momento, a interesseira sentiu o sangue queimar seu rosto e o ódio romper seus olhos. Em uma voracidade nunca vista antes, desferiu palavras agressivas contra a mãe, humilhando-a sobremaneira, o que fez com que a irmã reagisse, agredindo-a fisicamente. Além das verdades que ouviu, o mal-estar se instalou e as palavras proferidas naquela tarde ficaram entaladas na garganta de Ângela, o que a fez romper por anos com a família, voltando a conviver naquele seio familiar somente após o nascimento da filha.

Sabe por que tal situação foi como um estilete cortando o peito, espetando a garganta, sangrando o coração da moça? Porque aquela era a verdade. Os pais, a família, enfim, têm o poder de enxergar além da conta, nas entrelinhas, vislumbrar as verdades obscuras, que não são ditas. Por isso é que se deve prestar atenção em tudo que se ouve da família. Não precisa aceitar nem seguir, apenas prestar atenção.

Ângela e Pedro se casaram e foram morar nos Jardins; antes disso, porém, já estavam morando juntos. E mais distantes ficaram da família dela. O casamento seguiu bem, até os primeiros defeitos começarem a dar choque, logo nos primeiros dois anos. Em pouco tempo, os dois formaram uma sociedade. Ficaram literalmente sócios e tudo parecia bem. Mas não estava. Aliás, havia sempre uma interrogação oblíqua naquela relação. Ela não era pura. Restava no ar algo subentendido. E depois de constituírem uma empresa, a questão ganhou os passos da decadência. A ambição e o domínio do homem conquistaram espaços e interferiram diretamente na vaidade da moça. Nesse ponto, vale uma informação: nunca trabalhe com seu marido ou com qualquer pessoa com quem está envolvida emocionalmente. Mesmo quando não se desgastam profissionalmente, a convivência diária desgasta a relação e os problemas do trabalho tomam corpo dentro da casa.

Resolveram, então, ter um filho, crentes de que faltava uma criança entre eles para alegrar a casa. De repente, vem uma filha e surgem os conflitos sobre a educação, a escola e a forma ideal para a saúde emocional da criança que, desde o nascimento, mostrara ser um bebê agitado, sufocado e raivoso. Não dormia à noite com tranquilidade e sempre dava muito trabalho, com alterações de humor e crises constantes de irritabilidade.

A propósito, nesse quesito faço um parêntese: nenhum pediatra fala com as mães sobre o sono da criança. Para os médicos, toda tormenta noturna é normal. Porém, o sono é alimento e fonte de descanso, como a comida e o banho. E uma criança que não tem um sono saudável demanda investigação, pois capta alguma perturbação que, quando relaxada, vem à tona. Normal é o bebê, até sua adaptação, chorar à noite, mas não a noite toda, isso não é regra e sim exceção. Massagem, meditação, floral, terapia, paz, harmonia, entendimento, aceitação, alegria nunca são demais e servem como remédios para todos os males.

A filha veio e os conflitos se acirraram mais, porque aí se inicia a queda das máscaras, ou seja, você está diante de suas diferenças manifestadas pela criança e não tem como escondê-la. A mãe tinha sérias dificuldades de se relacionar com a figura masculina pelo defeito (que ela acreditava) advindo da sua relação com o pai (que não foi trabalhado) e pela forma que recepcionava essa relação. A dificuldade foi transferida para a figura do marido. E se iniciou o processo de conflito insuportável.

Leitor, há uma diferença de como a pessoa age e como eu interpreto a atitude e a palavra. Os traumas são criados pela pessoa que se sente ofendida, porque se ofende. Quem se ofende é que necessita mudar a conexão. Observe que, por diversas vezes, vamos abordar esse modo de recepcionar sentimentos e atitudes porque, se eu estou bem, o não é apenas uma forma de manifestação contrária ao que pretendo. E todo ser deve ter sabedoria para aceitar tanto o não como o sim, com a mesma leveza. Logo, interpretar um olhar de forma negativa, receber um não de forma negativa, em todas as demais situações de nossas vidas, são traços de pessoas persecutórias com alto índice de autorreprovação e complexo de inferioridade. Portanto, você mesmo cava seu trauma.

Além das incompatibilidades surgidas no decorrer da relação, o casamento ficou mais angustiante, porque Ângela canalizou toda a energia para a relação com sua nova família, preterindo sua vida particular. Abandonou a faculdade, porque seus estudos abalaram seu marido, que tinha sérias crises de ciúmes de sua menina estudar. E, para não contrariá-lo, começou, vagarosamente, a abandonar seus projetos, tais como suas aulas de dança, de inglês e afins. E, ao abandonar, o vazio veio para fazer companhia. As lacunas deixadas pelos afazeres que foram abandonados, por aquilo de que gostava, tornavam-se, aos poucos, abismos, nos quais ela se sentia despencar, lenta e gradativamente.

Nesse momento, é necessário chamar a atenção para um primeiro aspecto que já demonstra um prejuízo enorme e que é bem corriqueiro nas relações: permitir que o outro interfira em nossos sonhos, preterindo nossos projetos, modificando nossa vida, sob a prerrogativa do ciúme, da perturbação do outro, isso é saudável? Ciúme ou doença?

Se Pedro realmente amasse a esposa, faria de tudo para que ela prosperasse, concluísse a faculdade, fizesse uma pós-graduação, falasse inglês, francês e dançasse nos palcos da vida, como ela bem pretendesse. Quem ama, almeja o melhor para o outro e não há dúvidas de que concluir uma faculdade, um curso, é uma realização pessoal muito importante. Que fosse uma aula de dança ou qualquer outro projeto. Respeito está acima de tudo e, quando extirpamos de uma pessoa sua história, seus sonhos, estamos desrespeitando-a, em sua essência humana, em sua individualidade, ou seja, naquilo que a constitui como um ser único, inigualável.

Mas Pedro não pensava na realização pessoal dela. Ele pensava em seus próprios projetos, comprando-a com agrados e ignorando sua essência. Ele seguiu seus próprios planos e, neles, envolvia uma auxiliar. Assim, abriu uma clínica de cirurgia plástica e exigiu que a esposa se demitisse da renomada empresa onde trabalhava – e na qual pretendia fazer carreira – e fosse trabalhar, não com ele, mas para ele.

Mas todo sedutor tem um álibi pronto, já guardado. Tudo que ele faz é para o bem. Assim, fica mais leve e fácil convencer o mundo a servi-lo! Preste atenção nisso! Todas as suas propostas visam satisfazer sua vontade, realizar seu projeto, ignorando o outro.

Soa egoísta e nada saudável tal conduta persuasiva, apesar de todo o teor da conversa versar sobre o bem, a melhoria de vida, a associação de marido e mulher, em prol de melhores condições financeiras para a família... Seguia-se, assim, o discurso e o curso da vida, como se por trás dele não se escondesse a maestria da manipulação. Na visão de Pedro, seria mais vantajoso para ambos "ela trabalhar comigo na clínica pelo acréscimo em dobro, em questão de ganhos mensais, do que investir seu tempo em uma empresa", dizia ele. Observem que a oratória não é no intuito de destruir e sim construir um bem maior para a família. Iniciaram-se os conflitos afetivos.

Os conflitos cresceram e foram ganhando espaço no ninho, ofuscando a relação. O marido, perspicaz e disposto a melhorar, buscou a terapia como ajuda, e almejava entender tanta demanda afetiva que sofria da esposa. Sua dedicação nunca fora o suficiente, haja vista que ela sempre lhe exigia mais e mais. E, do nada, surgia um conflito. Havia um destempero descomedido e uma tristeza nos olhos de sua esposa que ele não entendia de onde partira. E a vida iniciou sua trilha de pedras.

Ângela iniciou o processo de recolhimento. Cada dia mais acuada, sem se posicionar na relação na qual era dominada. Era como se a relação tivesse uma pessoa para conduzi-la e outra, totalmente inexpressiva, apenas para auxiliá-la. Sentiu os primeiros sinais de desgaste e cansaço, mesmo porque tinha uma natureza de conquistar e progredir em seus projetos e já não vestia mais sua pele. Parecia viver na pele de outra pessoa. E a pele estranha não se adapta bem ao corpo que tenta cobrir. E ela, vergonhosamente, sentia-se desnudada, despida de seus próprios sonhos.

Angustiada, não conseguia se abrir com seus pais, não tinha amigas, não tinha ninguém para dividir suas tristezas, não fazia mais nada do que gostava, sentia-se agredida em sua intimidade, justamente porque vivia debaixo da sombra do marido. Naquele momento, nem uísque, nem os presentes caros tinham valor... Foram perdendo a cor, um a um, desbotados do encantamento inicial. Parecia que, em um passe de mágica, o encanto se desfazia e a carruagem ia, aos poucos, voltando a ser abóbora.

Quando realmente se ama, ninguém precisa se convencer de nada. Seu dever é orientar, quando necessário. É respeitar a opinião e até o discernimento da pessoa, naquele determinado momento. Se o outro estiver errado ou não, não interessa. Mas em nome da relação e do aconchego imaterial que ela proporciona, ou deveria proporcionar, é que se deve observar quando recuar e quando agir, e como agir e falar. Ponderar sempre, mas sem se anular jamais.

Retornando ao assunto, uma pessoa nunca conseguirá disfarçar quem realmente é. O gênero de "perfeitinha" ou de "marido exemplar" consegue se manter, no início, por algum tempo, em determinadas situações. Abruptamente, sem que se perceba, vai aflorando o que há de verdade lá dentro, no íntimo. Destarte, os conflitos tornar-se-ão cada vez mais pontuais. Assim, nunca esconda sua personalidade, suas predileções, você mesma. Não se esconda por trás de sua própria sombra ou da sombra de quem quer que seja. Deixe-se queimar nos fortes raios da realidade. Eles deixarão marcas na pele, mas farão com que a alma se aquiete, aninhada no íntimo de um ser autêntico.

Cansado de tanto desgaste, após o nascimento da filha e tantos outros conflitos, Pedro buscou terapia e iniciou a prática de meditação. Ângela se recusava a se tratar. Para ela, o esposo era o problemático, logo, ele necessitava de ajuda. Ela não precisava de tratamento, estava ótima.

Como ela estava enganada! Em uma relação ninguém fica doente sozinho. O casamento gera um novo corpo, formado por dois seres que se fundem. Quando esse novo corpo, o casamento, dá sinais de problemas, é porque há um desequilíbrio geral e todos devem se submeter ao tratamento, até mesmo por apoio e respeito ao companheiro/a. A negação de Ângela é a certeza de que ela se amputara do novo corpo, não se sentia coesa naquela família.

Contudo, seguiram anos juntos. Mas além de todo domínio que soava como escárnio dele perante a família, pairava no ar uma deslealdade, mesclada com infidelidade. Ângela percebia alguma coisa, pressentia que havia algo estranho. Pedro se portava estranhamente, cada dia mais envaidecido, com olhar brilhoso, cheio de adereços. De repente, comunica que fará uma lipoaspiração, após ter perdido dez quilos. Essa notícia soou como uma tormenta sobre os ombros da esposa, que tinha certeza de que alguma coisa havia por detrás daquela leveza toda! O que haveria por detrás daquela vaidade além da conta, das roupas e combinações que criava, sempre bem animado, logo cedo? Ele estaria saindo com outra. E iniciou a montagem de seu quebra-cabeça. Atendimentos até mais tarde, telefone no silencioso, alguns mistérios disfarçados no meio do caminho.

E a angústia seguia seu rumo e ela não estava sozinha. Ângela, no entanto, acreditava que não precisava de nenhuma ajuda psicológica para aferir e superar a situação. Muito menos para aprender a conviver consigo mesma. Quando era convidada a fazer um tratamento, recusava-se. Negou-se a fazer terapia ou a procurar qualquer outro tipo de auxílio, seja frequentar uma igreja, buscar um templo, uma religião, algo do gênero. Até mesmo a educadora da escola da filha e sua empregada aconselharam-na a buscar ajuda. Mas ela recusava; embutida da síndrome da mulher-maravilha, estava ótima e jamais precisava de terapia.

A prepotência é o caminho que leva ao encontro da ignorância. Um decréscimo! Além de não permitir o avanço da consciência, ela faz regredir o crescimento. Todos nós precisamos de ajuda, seja em alguma época da vida, seja por um acontecimento específico. E, para isso, temos os conhecedores técnicos, os psicólogos, terapeutas, os amigos para um bate-papo de fim de tarde. Nascemos como seres sociáveis e não adianta querer viver feito ilha. Quanto mais se nega ter um problema, mais ele consegue se enraizar no terreno de nossa consciência e, como erva daninha, vai sugando a energia para si, enfraquecendo-nos, destruindo-nos.

Prestar atenção em si: por que reajo assim? Por que estou triste?

Ângela e Pedro elegeram a instabilidade como base do relacionamento. Acontece que uma base instável não é segura. Ela oscila, vacila e se rompe. Quem constrói a casa em terreno arenoso sabe que está correndo sérios riscos de desabamento. Nessa passagem, lanço mais uma instigante pergunta: qual é o pilar de seu relacionamento?

Pois bem, a ira tomou seu lugar e cada dia ganhava mais espaço, até que o casal começou a se agredir fisicamente, na presença da filha, na presença da empregada, incomodando vizinhos.

Em uma tarde dessas, em que o sol demora a se pôr vigente, no horário de verão, Pedro chegou a sua casa e foi direto para o quarto da filha, quando Ângela saiu de seu quarto ao seu encontro no corredor que dava acesso aos quartos e contra ele desferiu várias palavras chulas, pelo fato de sempre e toda vez que chegava, ir direto falar com a filha e não com ela; que ele não prestava, e por aí a discussão se concluiu com dois tapas na cara dela.

Mas Ângela não reclamava de o pai ir ao quarto da filha sem antes procurar por ela. Ela reclamava da ausência considerável desse marido, que estava tendo relações fora do casamento porque já não a procurava sexualmente com a mesma frequência. Isso é fatal. Não há condições de se manter várias relações com o mesmo dispor. Daí surgem as desconfianças e os monstros que assolam qualquer consciência, trazendo o declínio de qualquer relação!

Quando há amor e interesse um no outro, e não nas benesses concedidas pela relação, o casal faz de tudo por ela. Se um está com alguma dificuldade, o outro auxilia, em busca da solução, porque ama, e amor é isso. Não aponta o dedo em direção aos defeitos. Ao contrário, quem ama acolhe e procura uma nova forma, juntos os dois escolhem o melhor caminho. Trata-se de um sentimento que preza pelo crescimento mútuo, um dando a mão ao outro, olhando sempre na mesma direção.

O casal se separou, ela ficou com a filha e a empregada. Ele viajou para a Índia, onde passou seis meses. Quando retornou de viagem, o casal voltou. Quando se viram, estavam se agredindo fisicamente, feito dois insanos, em frente à filha. Sentaram, conversaram e resolveram ter outro filho, como se filho fosse a solução dos problemas. Ela engravidou novamente. A situação piorou.

Ângela engravida de seu segundo filho em meio a uma tormenta, uma crise esbarrada no limbo doentio que fragilizava, cada dia mais, um relacionamento totalmente desnorteado. Além disso, outro fator veio agravar ainda mais a situação: perturbações, as alterações físicas e hormonais decorrentes da gravidez. De um lado, o marido misterioso e cada dia mais lindo. Do outro, uma mulher que trabalhava com a beleza, mas que ficava cada dia mais gorda e nervosa. Misturam-se, pois, os desequilíbrios físicos e psíquicos. A frágil base ruía, provocando rachaduras profundas nas paredes daquelas almas.

Por um lapso de Pedro, ela pega sua caixa de *e-mail* aberta. Descobre várias de suas relações extraconjugais, com declarações de amor mais quentes possíveis, regadas de presentes e mimos, de esperança e encontros pontuais, como em datas comemorativas.

Certo dia de domingo, lembrou Ângela, Pedro a deixou com sua filha na casa de seus pais e disse que teria de fazer um atendimento de urgência de um cliente que viria do interior para tratamento de elite contra a calvície. Esse tratamento dura em média oito horas. Porém descobrira, aos sete meses de gravidez, ao vasculhar os *e-mails*, que ele estava comemorando o aniversário de uma de suas amantes. E não era um amante ausente, não, considerando que tinha um perfil da rede somente para seu estado civil de solteiro e comparecia sempre, frequentando inclusive a casa da família de suas pretendentes. Era uma vida paralela perfeita!

Ângela definhava, a cada dia. Era acusação de toda ordem. De um lado, ele, não satisfeito com a mulher que havia escolhido... Isso porque, quando uma pessoa deixa de ser ela mesma para viver a vida de alguém, certamente não irá agradar a contento. Ela mudou a si mesma e mudou toda a sua vida, abandonando-se, negando sua essência para viver a vida de outro, de Pedro. Decerto, não iria ser uma supermulher, além de sua natureza.

Lembre-se: ninguém consegue fingir por muito tempo, ninguém consegue mudar o outro, e a essência é a alma, não tem como pedir emprestado. Do outro lado, ela exigindo o mínimo: respeito, carinho, atenção. Contudo, o abismo já se formara, não apenas entre eles, mas também na própria estrutura falsa que cobria a pantanosa realidade.

Mas como exigir de um homem tudo isso se ele, desde os primeiros meses de relacionamento, mostrara-se autoritário, ditador, regulador de tudo? Era ele o centro do universo e os demais, meros acessórios! Ora, ele nunca escondeu isso! Quem se escondeu atrás do manto de "boa moça" foi Ângela. Ela, sabedora daquela essência nociva, daquele adjetivo, deveria, desde os primeiros rompantes do bonitão, ter pontuado tais defeitos. Agora, ela deixa o homem tomar conta de tudo, excluir até as atividades de que mais gostava de fazer para marcar seu território, e ela se cala para agradar... Que continue agradando! Que agora se submeta às suas amantes! Marque um chá para ele e a amante.

Para todo sofrimento há uma permissão. De um lado, o agressor; de outro, o que se permite ser ofendido. Não há vítima, mas desconhecimento e falta de experiência: porém, não é condição de uma vida toda, haja vista que ninguém é inocente por muito tempo, logo, se você se relaciona com um doente, nos primeiros três meses saberá quem ele é ou quem não é. Se Ângela tivesse se casado por amor, teria traçado uma forma de relação diferente e ajudado esse "deus" a ser gente normal, igual a todos. Isso porque, não sei se você se recorda de uma passagem dos fatos: ele até tentou melhorar e, por conta própria, foi buscar ajuda terapêutica. Porém, a esposa não lhe deu assunto, não se entusiasmou, não o acompanhou no tratamento, o que dificultou a evolução do casal e, consequentemente, da família, talvez porque ela já estivesse cansada de tudo. Todavia, o núcleo familiar precisa dos dois. A balança do relacionamento não pode pender para o lado de um ou do outro. A palavra de ordem é o equilíbrio. E, nesse momento, ela permitiu que a balança se desequilibrasse. Não foi presença de peso na hora em que o outro lado precisou dela. Anulou-se e enfraqueceu o corpo-lar.

O pior estava por vir. Quando Ângela estava com quatro meses de gravidez, a secretária pediu demissão da clínica e voltou para o interior de São Paulo, de onde viera. Até aí tudo bem. Apenas não sabia que ela estava grávida de seu marido. Sim, ele teve dois filhos com diferença de quatro meses, um com a esposa, outro com sua secretária.

Pois sim, quando elegemos determinada conduta para nossa vida, quando possuímos um hábito ou adquirimos manias, ou vice-versa, não na mesma ordem, sofremos a consequência. Não tem jeito. Enquanto você mascarar uma situação, corre o risco veemente de ver essa máscara cair, de forma súbita.

Ângela teve o filho em meio a muita dor e perturbação. De um lado, seu marido; de outro, sua família, que dava sinais de reaproximação, face aos constantes conflitos percebidos, porém não assumidos. Entre ela e o marido: infidelidade, deslealdade, desrespeito, soberba, ódio, muito ódio.

Agora eu lhe pergunto: de que valeu casar-se com um homem "rico", mudar de nível social, financeiro, renunciar a seus projetos? Valeu receber o troféu do vazio, do sofrimento?

Ângela teve seu bebê, um menino lindo, e o casal retornou para casa, atrás do manto da reconciliação. Resolveram a duras turras se perdoarem de suas falhas. Depois de mais de dez anos de casados, iniciaram o diálogo. Fizeram uma viagem de lua de mel com os filhos, o mais novo ainda bebê, mas não deu. Retornaram e a separação se deu em dois meses. Nem filho, nem viagem, nem perfume, nem nada manteve a relação.

Aqui faço outro parêntese: é muito comum casais se separarem depois de uma viagem a dois – no caso verídico, a viagem nem foi do casal e sim da família –, porque quando estão a sós, em um local impessoal, as diferenças saltam, inusitadamente, sem fazer muita força.

Nessa viagem de dez dias com os filhos, não raras vezes, ele tinha seus repentes de condução "coercitiva" da relação. Ela não tinha mais paciência e quando disparavam o gatilho das diferenças, voltavam às incompatibilidades.

Logo em seguida, quando seu filho fez um ano, Ângela recebeu a notícia de que a ex-secretária havia comemorado também um ano do filho dela, que era irmão do seu, filho de seu marido.

A síndrome de Don Juan é algo que necessita de tratamento. E há recuperação. Mas por que mudar? Quando temos a sensação de que determinada conduta é nociva para nós, nociva para nossos entes queridos, como filhos, como a entidade familiar, temos condições de nos restaurar, considerando que fatores externos e internos nos levam a determinadas atitudes.

Para tanto, basta encontrar a resposta sobre o motivo que me faz agir assim. Como e por que essa trama me instiga e satisfaz? Obviamente, não posso aconselhar sobre tratamentos terapêuticos ou comportamentos, porque não tenho competência para tanto, mas a olho nu, de uma observadora, posso dizer-lhes que podemos ser quem quisermos ser. Basta ter escolha e vontade de mudar.

No vertente caso, Pedro não sentia o aconchego da relação, porque, veladamente, sentia a fragilidade da esposa perante seu poder. A posição de um em relação ao outro e em face da relação (casamento) é algo que não se consegue esconder. Está no ar, faz parte da energia que condensa e une. Pedro, desde o início, sabia dos interesses implícitos dela em relação a ele, e se aproveitou dessa situação. E as coisas não ditas são as que mais se sobressaem, não se escondem em segredos. Para todo interesse há ações pequenas que demonstram, claramente, a que vieram, a intenção guardada dentro do baú escuro, mantido no porão do egoísmo ou no sótão das ambições.

Pedro, um homem mais velho, que sempre se portou como o conquistador, observando o ritmo das artimanhas da garota, decidiu se aproveitar daquela situação e vivê-la intensamente, assim como viveria sua própria vida, também de forma intensa. Veja se uma menina nova, linda, cheia de projetos, almejando sair de casa, dedicando-se a ele completamente, renunciando a todos os seus sonhos, não iria conquistá-lo? Claro que sim. Mal sabia ela que ele nunca deixou de ter uma vida paralela. Que sempre teve e manteve suas relações extraconjugais. Ora, mas se voltarmos à ideia da balança e colorcarmos de um lado os interesses escusos dela – a busca pela ascensão financeira e social –, e de outro os casos extraconjugais dele, qual lado penderia?

Por fim, houve a dolorida separação que, quando apertou o cinto, colocou em choque toda a vida pregressa. Pedro se viu no espelho, refletindo suas atitudes incoerentes com a planejada família e tentou reverter a situação. Iniciou novamente a terapia, junto da mulher, mas não conseguiu. Concomitantemente a isso, o DNA da secretária, o ciúme da filha mais velha e as agressões físicas e verbais com a esposa. Trata-se de uma situação que não tem mais volta. Chegaram ao fundo do poço e se afogaram, um na lama do outro, lama advinda da mentira, da enganação e do egoísmo.

Tudo depende do caminho que se quer seguir. Não há nada que fique escondido debaixo do tapete. Chega uma hora em que a sujeira aparece e deve ser recolhida, certamente. Quando se elege uma forma de viver, não há como fugir dela, a menos que a decisão de mudança seja real e bem pensada. Pedro sempre traiu, e Ângela sempre fez de conta que nunca viu. Isso pode ser visto na forma como a relação se mostra. Não havia verdade entre eles. Uma relação firme é quando esposa e marido encaram o problema. "O que está acontecendo? Eu o vejo infeliz, indisposto..." Essas questões devem sim ser abordadas e colocadas sobre a mesa. E encaradas para ser resolvidas. Viver fazendo de conta não compensa. Quando o faz de conta se desfaz, o príncipe vira sapo, a princesa vira gata borralheira.

Se Ângela tivesse reagido desde o princípio, ela corria do risco de pontuar, logo no início, as questões que não lhe faziam bem e, assim, buscar um caminho para melhorar a relação que estava prestes a nascer ou terminar ali mesmo, cortando o mal pela raiz.

Mas não. Silenciou, fez vistas grossas porque estava interessada na condição social e não no relacionamento. Com esse comportamento de jogar limpo, o casal corria o risco de restaurar a relação, restaurando-se, um ao outro, extirpando de si comportamentos pretéritos que foram internalizados, provocados por fatores externos, como reações a comportamentos nocivos da mãe ou do pai, exemplo que teve em casa, ou por fatores internos, como medo e fragilidade que criou o complexo de Don Juan.

Todas as questões que não são resolvidas pelo casal podem ser esclarecidas e direcionadas na terapia, seja ela qual for. O importante é crescer. E para crescer, devemos nos conhecer, admitindo nossa pequenez, e entender por que agimos assim. Porque não damos certo em uma relação monogâmica, porque temos certas taras... Enfim, são vários os sintomas que nos assolam.

Dessa forma, o casamento dos dois findou-se, porém os conflitos aumentaram e, no meio deles, duas crianças. Como era de se esperar, Ângela dominou os bens que ele adquiriu, faliu a clínica, propositadamente, e todas as atitudes canalizadas pelo ódio acumulado por anos de convivência, sem falar no efeito que as traições costumeiras provocaram. Foram as mais polêmicas cenas no tribunal, em casa, no colégio das crianças, algo que não se encerrou. Acabava-se o casamento. Começava-se a saga do divórcio.

Por fim, o ódio prevaleceu e ambos continuam com sérias dificuldades de se relacionarem novamente. Por quê? Deixo ao critério de cada um essa resposta. Ou melhor, que seja uma pergunta retórica. Não há necessidade de respondê-la. O importante é que ela fomente novos questionamentos.

Nesse caso, podemos inferir que, no casamento, não se pode sobrepor outro sentimento senão o amor. E para se ter certeza disso é necessária a pureza, que a relação venha fincada no verdadeiro propósito de unir vidas, mediante a amizade, o companheirismo, o amor puro e altruísta. E não o interesse escuso, velado, egoísta, como foi no presente caso. Interesses distintos ressaltando a vaidade de ambos. Semelhantes atraem seus semelhantes. Isso pode ser positivo, quando tais semelhanças se somam. Mas se tornam perniciosas quando vêm para dividir, fragmentar, enfraquecer.

Capítulo 4

Vontade de Prosperar

Ela nunca estava satisfeita e tinha um comichão dentro e fora de si! Vivia querendo mais e mais... (Que bom!) estilo aquela pessoa que, quando alcança um objetivo, já tem mais três para cumprir! Isso se chama energia construtiva!

Marieta era uma faxineira, casada com Antônio, zelador de um prédio, rapaz jovem e dedicado ao trabalho, e extremamente organizado. Conheceram-se quando ela saiu de Pernambuco e veio morar em São Paulo, tendo a família indicado o futuro marido para recepcioná-la e ajudar a moça a arrumar um emprego.

Pois bem, como Marieta se sentia muito só por ter se mudado para um lugar totalmente distante de sua casa, de seus hábitos, com características totalmente diferentes, sentiu-se fragilizada e, diante da personalidade branda e da tranquilidade de Antônio, iniciaram uma relação.

Em alguns meses, ela foi conquistando amizades com outras faxineiras e mulheres nordestinas, e o namoro com Antônio já não tinha tanto valor assim, mas ela o mantinha próximo. Logo voltou a sonhar. Ela era uma pessoa muito dinâmica, alegre. Nasceu em um lar de analfabetos, mas lutou contra a mansidão dos seus e estudou, vencendo todas as intempéries, iniciando, com seus 8 anos, os primeiros traços com a escrita. E foi adiante, sem parar de estudar. Depois de conquistar o colegial, não encontrou emprego no sertão e buscou, em São Paulo, uma oportunidade. Sem dinheiro nem emprego, sem companhia e casa para morar, iniciou seu primeiro contato com a capital por meio de Antônio, quem muito lhe ajudou. Por isso, ela se envolveu com ele e não mais o deixou porque acreditava que havia uma dívida (impagável) com o moço. E pagou com sua felicidade, sua vida, até que um dia... Um belo dia, Antônio seguiu sua esposa e descobriu o que já desconfiava: estava sendo traído. Foi até a casa do vizinho e encontrou sua mulher com ele. O mundo acabou. Ou melhor, iniciou.

Marieta sempre foi esforçada e sonhadora e cismava de conseguir tudo que pretendia. Era cabeçuda de tanta persistência. Tentava dali e daqui, o negócio não dava certo, ela tentava de outro jeito e assim ia seguindo seus propósitos. Assim, desde os primeiros meses com Antônio, já sabia que não daria certo com ele por seu perfil, sua natureza pacata, seu jeito comedido. Mas adiava a decisão, porque era mais cômodo para ela ter aquele ombro e companhia de noite do que enfrentar a luta por uma nova relação, ou pela relação consigo mesma, haja vista que iniciaria um martírio, por ter de enfrentar a família, explicar sua decisão, e não estava pronta para esse embate. Não naquele momento. Preferiu esperar ganhar força para dar início à sua nova forma de vida.

Não muito afeita a decisões naquela ocasião, foi deixando as coisas nas mãos do acaso, sendo que depois de um tumulto com a mudança de cidade, de vida, não desejaria mais turbulências, e deixou a relação correr à míngua. Antônio era um homem muito conformado com tudo, era zelador havia dez anos, não estudou, era quase analfabeto e estava feliz com sua vida: o mesmo salário durante dez anos e a mesma casa. Não havia projetos, nem sonhos, nem novas amizades, nem novidade nenhuma. Tudo seguia seu velho sistema.

Foi aí que a incompatibilidade surgiu. Uma pessoa ativa, conquistadora, ambiciosa não pode se casar com um homem pacato, que se realiza com as mesmas coisas por anos. Alguém que não almeja mudança nem sonha com novidades. Desde que veio para São Paulo, foi visitar a mãe uma vez, de ônibus. Não tinha ambição de saber o que era andar de avião, não ansiava por nada, contrariamente aos sonhos de Marieta.

Marieta era faxineira, e de noite fazia curso de corte e costura. Começou a consertar roupas nas horas vagas. Ganhou a clientela do bairro, teve um filho e continuou a trabalhar bastante. Até para ter um filho foi difícil. Antônio comparecia uma vez por mês e ela louca por sexo. Assim... as coisas não podiam mesmo dar certo. Enquanto ela subia pelas paredes fantasiando todo tipo de relação sexual, ele dormia.

Brigas não havia. Antônio quase não conversava. Marieta explodia! Queria juntar dinheiro para comprar uma máquina de lavar. Comprou. Queira visitar seus pais de avião. Foi. Em seguida, queria fazer um curso para trabalhar em uma lavanderia. Quando conseguiu a vaga em uma escola concorrida, perto de onde morava, adentrou a casa aos berros de alegria. Naquele instante, o sonso estava pondo o prato de comida em cima da mesa, olhou para ela com desprezo e disse: "Não sei por que você tanto inventa coisa, não deve ter o que fazer mesmo. Tem um comichão aí...".

Marieta suou por dois anos, lutando para concluir esse novo projeto em paralelo às reclamações do marido, que a acusava de não cuidar direito do filho, nem da casa, nem de nada. Ou seja, Marieta era uma imprestável. Servia apenas para sonhar. E sonhou muito.

Em outro dia, num fim de tarde, uma cliente foi até a casa de Marieta buscar umas peças de roupas que foram por ela consertadas e, brevemente, retornara, reclamando que não havia gostado do serviço. Antônio vivia à espreita, observando e ouvindo tudo para depois completar a agressão, lacrar a situação com maus-tratos verbais e mostrar a que veio.

Essa aptidão para acusar, maltratar, espezinhar acabava com Marieta, porque ela via em tudo a energia da construção. Lutou muito, desde criança, para sobreviver, depois para aprender a ler, em seguida para ganhar algum dinheiro e sobreviver. Foi muito sofrido. E agora que tinha um filho e conseguira entrar para um curso profissionalizante, havia um marido que torcia contra. Que além de não comparecer feito homem que deveria ser, gostava de ver seu insucesso. Por óbvio isso não iria terminar bem.

Iniciou seu processo de raciocínio sobre por que estava naquela relação. A luz amarela acendeu. E o que estava velado, nas entrelinhas, começou a ganhar voz, a se tornar uma inquietação solitária. Marieta viu que alguma coisa diferente estava acontecendo consigo mesma. Na verdade, um pouco de inquietação já existia, mas começou a ganhar corpo, no fundo, por conta da insatisfação de viver com Antônio e a falta de coragem de dar um desfecho na relação. Sentia-se culpada, porque ele foi quem lhe estendeu a mão, quando veio para São Paulo, porém não valorizava o quanto ela tentou lhe mostrar que o universo é rico e está cheio de oportunidades; que a evolução está aí para ser acessada, que ele poderia, sim, almejar um emprego melhor, preparando-se mais para outra atividade, enfim... Ela queria um homem a seu lado que a acompanhasse e não lhe tirasse a força de viver!

Mas Antônio estava feliz como estava, como sempre esteve. Ele tinha a cara do sertão e dali não iria sair nunca. O sertão vivia dentro dele. E certamente iria voltar, assim que pudesse. São Paulo era um ser estranho aos seus olhos.

Difícil se torna a relação quando uma pessoa começa a interpretar as coisas pelo âmbito negativo. Aí definha qualquer sintonia a dois. Marieta não tinha sexo, não tinha ânimo nem apoio do marido. Até chegou a pensar que ela tinha problema, de tanto haver reclamação dele, mas, quando tentava abordar o assunto, para ver se ele entendia que a natureza dela era uma e a dele outra, era barrada com a postura ríspida de Antônio. Sem diálogo, sem sexo, sem apoio, abriu margem para se aliviar com o vizinho.

Era uma quarta-feira e Marieta tinha curso porque almejava trabalhar em uma lavanderia, onde pudesse, além de lavar as roupas, consertá-las caso o cliente necessitasse. Veja a visão dessa sertaneja. Marieta saiu de casa para o curso. Porém saiu uma hora antes e foi para a casa de Itamar, que era um nordestino afeito às peripécias sexuais das mais ardentes. Eles se conheceram porque moravam perto e tinham vários amigos em comum. Sempre se encontravam em um forró perto de onde moravam, lugar pelo qual ela passava depois do curso, escondida do marido.

Começaram a conversar e, desde que se viram, bateu uma atração física daquela de lascar. Ele, um matuto envolvente, sempre cuidadoso e muito matreiro, com olhar estarrecedor, desses que despem quando olham e você já desfalece toda.

Então, ambos sabiam que não iriam escapar um do outro e iniciaram seus encontros furtivos e, quando deram por si, estavam enlouquecidos um pelo outro. As mensagens chegavam diuturnamente e começaram a correr riscos, o que é uma consequência normal de toda relação clandestina. Como Antônio não era muito chegado a sexo, pelo menos foi assim que sempre se posicionou, ela ficou mais tranquila e se soltou nos braços de Itamar, até ser pega, na curva.

Ao se arrumar, ou melhor, enfeitar-se e ser tomada por uma inspiração além da conta, cantando e sempre bem-humorada, acendeu em Antônio a desconfiança. E foi bem fácil de montar o quebra-cabeça. E, ao sair de casa toda perfumada, foi seguida por ele, que a viu entrar na casa de Itamar. Esperou por alguns minutos e bateu na porta, adentrando com ódio mortal. Foi agressão de toda ordem e de lá Marieta saiu somente quando deixou Itamar para seguir carreira solo, por um tempo apenas.

Marieta "traiu" Antônio porque se apaixonou por Itamar? Claro que não. Ela apenas se interessou por outro porque Antônio não era homem para ela, não a entusiasmava, não havia tesão em viver com ele, porém deveria se separar antes, e só depois se entregar a outro homem. Sim, mas se existisse fórmula, uma receita, todos os casais estariam bem resolvidos. E não estão. Aliás, é muito difícil ver uma separação bem conduzida, concatenada com os princípios básicos da boa convivência.

A traição de Marieta foi por lhe faltar caráter?

Mulheres e homens sadios gostam de sexo. E mais um pouco de sexo. E são entusiasmados pela vida, têm projetos. Outras pessoas pacatas também gostam de sexo e são quietas, sentem-se satisfeitas com o que possuem, e não têm qualquer problema em ter sexo uma vez por mês. Não dá para uma mulher furacão casar com um homem pacato. Vai dar uma discrepância grande e, certamente, haverá surpresas e separação.

Não dá para exigir das pessoas o que elas não têm para dar. Antônio sempre foi quieto, satisfeito com a vida que tinha no sertão, e depois ser um zelador em São Paulo já era, para ele, uma grande conquista e estava bom demais chegar aonde chegou. O resto seria comichão, falta de paz. Era assim que nomeava os planos da esposa.

Marieta conta que lhe ardeu a face quando ela conseguiu uma vaga na escola profissionalizante e chegou em casa tremendo de felicidade. Estava radiante e muito orgulhosa de si mesma, porque saíra de Pernambuco há seis anos e já havia conseguido tanta coisa! Ela tinha uma energia e fé invejáveis, e ia em busca de tudo que queria, assim como fez com seu lado pessoal. Ela conta que, quando disse para Antônio que iria fazer o tão sonhado curso, ele se posicionou contra e com desprezo total. Ali, naquele momento, ela já tinha certeza de que não ficaria mais com ele; que não suportaria mais tamanha falta de cor, de entusiasmo.

A relação, que já não era nada, nada se tornaria.

Vejo casais que vivem nos cantos. Um com sua vida, o outro também, ambos focados em sonhos e compromissos particulares. Não há vida juntos. Por que se mantêm juntos e nada têm? O que eles perderão, se não há nada mais entre os dois que possa uni-los?

Marieta e Antônio ficaram juntos por força das circunstâncias e, quando ela viu que poderia se virar perfeitamente sozinha, e que já não tinha o que mais a agradava na vida – sexo – ela perdeu o pudor e o medo. E, a partir do momento em que decidiu se relacionar com Itamar, foi porque Antônio já havia passado da hora de seguir viagem.

E o casal era o responsável por tudo que acontecera. Cada um com sua parcela de culpa, ou melhor, sua vontade de acertar. Sim, nós nos casamos e tentamos de todas as formas porque acreditamos, naquele momento, que essa atitude ou situação é a melhor para o casal. Ninguém age de forma errada porque quer, é porque não sabe fazer o certo, por isso digo que os relacionamentos são pontes que nos levam ao conhecimento.

E não há culpa. Há circunstâncias. Marieta adorava sexo e era dotada de magnetismo peculiar. Queria viver, trabalhar, criar seu filho, dar-se muito bem na vida, e via que Antônio não tinha a mesma sintonia. Mais que isso, ele estava definhando. A cada dia, com sua essência perniciosa. E a relação necessita de equilíbrio. Além de o parceiro ser uma pessoa que deve ter as mesmas condições que você, precisa haver sintonia. E entre eles não havia quase nada em comum, senão o filho.

Por conta da situação em que fora surpreendida, Marieta sofreu muito para reestruturar sua vida. Antônio agiu com todo seu escárnio perante a mulher e o filho, proibindo-o de ver a mãe, que estava sob a guarida de seu namorado, Itamar. Por conta disso, ela sofreu feito um cão vagando pela cidade, com saudade do filho, de quem recebia notícias por meio dos amigos em comum. Marieta contou que, em um sábado pela manhã, ela foi à porta da casa e ficou olhando pela greta do portão para ver se via o menino. De lá o via com os brinquedos no corredor que dava acesso à porta. Chamou pelo seu nome, e a criança, quando ouviu a voz dela, deu um grito de alegria, entrou em êxtase de felicidade com os olhos transformados como nunca visto, mas ela não pôde pegá-lo nos braços. Imediatamente, o pai o recolheu para dentro de casa e Marieta somente ouviu seu choro doído.

Antônio não tinha noção do quanto estava fazendo o filho sofrer, mas o orgulho de macho era mais forte. Macho nordestino.

A dor que rompia o peito, dilacerando-a a cada minuto, principalmente nos fins de semana, fez com que Marieta procurasse ajuda, e conseguiu uma advogada para lhe trazer de volta a paz. Em poucos meses, teve acesso ao seu filho, mediante visitas quinzenais, enquanto corria o processo de guarda. Foi um processo doloroso e muito denso, em face das angústias que acometiam a síndrome do homem traído.

Depois da primeira audiência, que foi uma tormenta, a violência ganhou outros mundos. O ódio estava no olhar de Antônio, revoltado pela humilhação a que fora acometido, havia brigas e confusões toda semana, quando do exercício de visitas do pai, ocasião em que comparecia para pegar a criança para dormir.

Marieta estava tão radiante de felicidade com o filho de volta que faria todo e qualquer sacrifício em prol da criança. Estava mais afeita e preparada para evitar colisões com Antônio e até transcender algumas coisas, diante das exigências dele. A mudança foi tão grande que ela começou a frequentar uma psicóloga do bairro – situação que nunca imaginou –, mas não teve condições financeiras para dar continuidade ao acompanhamento. O mais importante de tudo isso é que ela recuperou a relação com o filho e iniciou o processo em busca da paz, da convivência mínima e necessária com Antônio, para a saúde mental e emocional da criança.

Tão logo conseguiu organizar a vida financeira, Marieta mudou-se de casa, separou-se de Itamar e viu que aquele rapaz figurou como guindaste para retirá-la de um casamento ruim e liberá-la para as coisas boas da vida! Era exatamente de que precisava para seguir carreira solo.

Esse foi o papel dele nessa história. É valioso sabermos olhar para os papéis das pessoas em nossas vidas, e como elas aparecem exatamente no momento em que precisamos. Almejamos silenciosamente nossas mudanças. Marieta era viva e ativa demais para viver sob a escuridão de Antônio. E criou a situação com Itamar para dar uma forcinha, preparar o rancho. Nós arrumamos tudo para achar uma forma de nos livrar das situações que nos trazem incômodo, que não mais queremos. Todavia, é importante lembrar que o outro também é ser humano e não pode se tornar apenas trampolim para aquilo que almejamos. Usar uma pessoa, vendo-a como "coisa", não é correto e podemos levar nossa situação de sofrimento ao outro. Porém, certo é que tudo depende do nosso conhecimento interior. Sem ele, nada disso pode ser aferido.

Marieta, depois de se separar de Itamar, mudou-se para o outro lado do bairro, saindo do centro nordestino onde vivia. Montou uma lavanderia e consertos de roupas, trabalhava diuturnamente, dividindo-se entre o filho e sua profissão. Sentia-se realizada e muito satisfeita com tudo que havia construído, mas existia uma inquietude que a sequestrava. Ela necessitava, paralelamente, viver uma paixão ardente. E não esperou muito tempo. Do lado de sua oficina de costura havia vários outros comércios, e na quinta loja estava João, que trabalhava em uma oficina. Tão logo os olhares se cruzaram, ele apareceu trazendo calças para fazer alguns reparos. Houve a troca das primeiras palavras, o bastante para acender o fogo.

Marieta era uma mulher muito atraente. Daquelas que o sexo vinha expresso no rosto, e o gosto pela vida era visto a olho nu. Dotada de gestos sedutores, encantava facilmente os menos vigilantes. Ela era um perigo iminente. João era casado, mas isso não impediu o romance. Tão logo se iniciaram os contatos, já estavam comprometendo a jornada de trabalho com escapadelas furtivas no meio da tarde, que, não raras vezes, se estenderam para as noites.

O romance foi ganhando corpo, até João perder o trabalho e entrar em depressão. Marieta perdeu o encanto por ele e pôs fim ao relacionamento, porque já estava cedendo aos olhares capciosos de um paraguaio que acabara de chegar a São Paulo e havia se instalado próximo de sua casa. Era um rapaz robusto, amadeirado, de olhar perdido, e era 20 anos mais novo que Marieta; ela tinha certeza de que estava perdidamente apaixonada por ele.

Há uma discrepância entre o que é e o que você acredita que seja!

Marieta nunca esteve apaixonada por nenhum de seus parceiros, todos esses que ela se dizia apaixonada não passavam de personagens que serviam ao seu desejo sexual. Ela não aguentava viver sem uma história repleta de emoções, que a levavam ao típico constante frio na barriga. Sempre iniciou suas relações com homens impossíveis e instáveis.

Veja-se: o primeiro, Antônio, não causou em Marieta o alvoroço de que sua natureza necessitava. Não havia alimento para sua alma nem para seu corpo. Não havia diálogo, momentos íntimos de descontração, uma relação. Itamar era atração física, assim como todos os demais personagens serviam ao corpo.

Ela não tinha consciência disso, acreditava que estava apaixonada e confundia paixão com amor. E por aí seguiu, trocando de parceiros, escolhendo outros e priorizando o sexo em todos os sentidos.

Isso nos mostra o motivo distorcido que formara uma relação.

Antônio passou anos e anos sem se firmar em uma relação com ninguém, aliás, não houve mais notícias sobre nenhum novo relacionamento dele. O que mostrou sua dificuldade em conviver com situações contrariantes. Essa questão é muito complicada para a cabeça de um sertanejo. Mesmo ciente de que não comparecia, não atendia a sua mulher a contento, receber a "traição" como resposta fizera com que ele, simplesmente, bloqueasse o relacionamento. Enquanto isso, Marieta vivia – e ainda vive – colecionando romances. Até onde a acompanhei, ela estava morando com seu rapazote, que já dava sinais de perda de seu encanto. Por quê?

A propósito, já falei, superficialmente, sobre o significado da palavra amor. O amor não é corpo, nem sexo, nem futilidades. O amor é profundo, é conquistado a cada dia, formando-se como rocha firme, conforme o quanto ele for alimentado. Não se ama por sexo. Apaixona-se por sexo e a paixão é fugaz, dura o tempo que durar o encanto. Depois que os defeitos surgem, os problemas começam a conflitar entre as partes; até o tesão, que é um mesclar de alma com corpo, acaba se não houver amor. O casal não se une por corpo. Há adjetivos infindos que justificam a caminhada a dois, e Marieta ainda os desconhecia. Ela estava condicionada a se juntar a quem mais lhe conviesse. Por isso, as relações não a satisfaziam. Eram apenas momentos efêmeros ligados pela pele.

Parece ser óbvia essa menção, mas a grande maioria dos casais se une por todo e qualquer motivo, menos amor. Muitos até acreditam que estão se unindo por amor, namoram por muito tempo, mas quando se juntam em uma mesma casa, dividindo os mesmos problemas, a relação toma outro rumo. Não são raras as afirmativas que a tal fase de adaptação é a mais difícil, logo depois do casamento. Depois o cabalístico número sete, a crise!

Contudo, apesar de toda a efervescência, Marieta foi aprendendo com cada relação. Foi se aprimorando e, certamente, irá se conscientizar de que era movida por paixões, por sexo, pelo dorso largo, e que nunca amou ninguém de verdade, todavia está no caminho. A paciência, que tanto cobramos dos outros, devemos ter com nós mesmos, porque estamos aqui para aprender. E como disse neste livro, as pessoas mais conscientes, mais conhecedoras de si mesmas, são as que têm mais chances de entender o que é amor, porque não é uma tarefa fácil, mas está aí à disposição, nesse manancial chamado universo!

Capítulo 5

Ninguém Escolhe por Você

Ninguém muda ninguém: quando não tomamos a decisão que devemos, a vida toma por nós, e talvez nossa falta de entendimento doa em demasia. É o aprendizado batendo à porta!

Alice conheceu João no interior do Rio, local onde ele foi morar depois de várias tentativas de sua família de "dar um jeito em sua vida". Sua mãe, extremamente omissa, em muitos pontos, e protetora em outros, montou lá uma loja para o filho que, na ocasião, tinha por volta de 25 anos e se mantinha estagnado na vida, sem estudar, sem trabalhar, sem objetivo nem foco. Ela cria que, longe de seus olhos, de seus mimos, seu "eterno menino" vingasse, tornando-se um próspero empresário. Seu filho, que estudara nas melhores escolas de São Paulo, descendente de italiano com grego, falava quatro idiomas, tinha farto conhecimento cultural e foi criado dentro da redoma perfeita de um ninho da classe média alta. Mas não dava sinais de seguir a educação que recebera, de pôr em prática o que aprendeu. Estava viciado em cocaína e isso significava o fracasso da família.

Só que, aparentemente, era um bom partido, boa presença, estilo galã envolvente com aspecto de gente poderosa, rica, de fácil encantamento. Contudo, na verdade, era um adulto imaturo e problemático, que viveu com forte dependência emocional da mãe e nunca tivera segurança para seguir com a própria vida. Trata-se, portanto, de um homem frágil, sem estrutura. E aqui não estamos falando de fragilidade física, mas emocional e psíquica. Enquanto criança, dependera da mãe para tudo, logo, crescido, apenas trocou a dependência, tornando-se dependente de drogas.

A dependência só muda o mantenedor da carência e insegurança, porque a dinâmica é a mesma.

Focada nas aparências, Alice se deixou levar pelo lado bom, muito bom do moço. Culinária, conhecimentos gerais e postura de ser nobre. Ou seja, a bela capa de um livro mal escrito, atraindo a leitora desavisada, cativou preliminarmente. E em pouco espaço de tempo se envolveu com o bom partido.

Cuidado! As aparências não podem nos levar assim tão facilmente. Um pequeno inseto, frágil e colorido, pode conter um veneno mortal.

Ser encantador ou não depende dos olhos que o veem, porque uma mulher mais esclarecida sabe muito bem que homens muito educados, muito agradáveis, sedutores e perfeitos são armadilhas certas, com raríssimas exceções, naturalmente. Ninguém é tão perfeito assim. Mas qual referência essa mulher tinha? Para uma mulher que convivia com homens simples, assalariados de classe C, esse seria um rei. Ela, que admirava homens cultos, queria se tornar uma pessoa assim, queria estudar – trabalhava desde muito nova –, não iria se envolver com homens sem instrução. E facilmente se entregou aos encantos daquele homem nobre, rico, divertido, tímido, mas belo. Todavia, ele não era um sedutor intencional. Ao contrário, não chamava atenção de mulheres e aparentemente não fazia o estilo galã. Quando havia oportunidade de partir para aquele bate-papo, era um homem agradável, simpático e cortês. Muito bem-educado, narrava fatos sobre toda a Europa e evidenciava a história e os costumes gregos. Isso certamente causava encantamento. Somente restou escondida a cocaína, a jogatina, o alcoolismo e tantos monstros escondidos por trás desse cenário.

O casal se conheceu e rapidamente juntou seus panos. Alice estava certa de que conhecera o homem de sua vida! Estava encantada com a tranquilidade aparente do rapaz, sem falar que era um homem fino, daqueles que abria a porta do carro, puxava a cadeira para a namorada se sentar e a levava aos restaurantes mais caros da cidade. Conhecia muito de culinária e se detalhava em temperos. Logo a noite rendia admiração e aconchego. Era daqueles que pedia determinado prato e narrava a história dele, tornando qualquer noite um bálsamo, um misto entre a noite gostosa, com um homem agradável, e uma aula de história e uma ótima prosa. Rapidamente, ela começou a pesquisar sobre pratos gregos e seus costumes. Não raramente ouvia palavras gregas balbuciadas pelos lábios de "EROS".

Tudo se encaminhava na base do encantamento, aquele pisar em ovos, viver nas nuvens que todo início de namoro proporciona. Nesse caso, havia um gosto a mais: Alice completava seus 24 anos e nunca tinha namorado sério. E a família cobrava um protocolo comum para mulheres daquela idade. E ainda era de família muito carente e queria estudar.

Mas o príncipe era usuário de drogas, e ela não sabia que se tratava de uma pessoa flagrantemente desestruturada, não apenas no âmbito emocional, mas financeiramente também. Era sustentando pela família, e não dava sinais de prosperar. Deve ser dito que, apesar de toda regra ter suas controvérsias e suas exceções, não há como manter um negócio ou uma profissão estável em uma mente instável, que sofre as intempéries recorrentes de necessidade de substância química a todo momento. Isso sem falar que um dependente químico cria monstros atrás de monstros, e depende sempre de algo. E esse algo começa a ganhar corpo e espaço e a ocupar a mente. Conclusão: não há paz.

Se você quiser turbulência e muito problema, você está no caminho certo: envolva-se com um dependente químico. Agora, há casos em que dependentes químicos se livraram do vício e formaram família. Eu conheço alguns raros casos desses, porém não eram viciados em cocaína. Eram viciados em maconha e álcool e quiseram mudar, partiu deles a atitude, e não da mãe ou da mulher. Ou seja, o desejo de sair do atoleiro em que se encontra precisa ser do próprio dependente químico, pois só ele é capaz de travar uma luta interior, encarar os próprios medos e acreditar em si mesmo.

Pude participar bem de dois casos de dependência química que me chamaram a atenção. Eu, que na época tinha meus 12 anos, tinha um vizinho cuja mãe reclamava sempre do uso que ele fazia de maconha. E a situação se agravou quando ele deixou os estudos e ficou inerte diante da vida. Apenas fumava. Não trabalhava nem estudava, não levava nada a sério. A vida dele se resumia a drogas, discos, sono, comida. Até que conheceu aquela que se tornara a namorada dele e a guerra começou. Ela guerreou contra seus vícios e, vencida, engravidou. Grávida, decidiu ter seu filho bem longe da cidade onde moravam. Lá, ela começou a trabalhar e exigiu que ele estudasse, caso quisesse viver com ela e sua filha. Caso contrário, iria acabar o casamento. Foi quando ele reagiu, aos 24 anos de idade. Deixou o vício, sem fazer tratamento. Retomou os estudos, começou a trabalhar de porteiro em um colégio e prosperou. Tiveram mais dois filhos. A mulher era o arrimo da família. Professora dedicada, assumiu a casa e tudo. Ele cuidava dos filhos e tinha um emprego assalariado, mas tinha disciplina. Recuperou a autoestima e seguiu, porque quis ficar perto da mulher e dos filhos.

Mas e quando nem os filhos são mais importantes que a droga? Quando não há nada a se conquistar no mundo? Por que tudo a mãe lhe trouxera e entregara nas mãos? Por isso digo que é importante uma autoanálise, investigando-se as referências que tivemos na infância. Se você encontrar um adulto para fazer tudo por você, resta, claro, que não irá fazer nada.

Vejam bem, todos nós temos nossas neuras, dores, tristezas, nossos complexos, aqueles calos que se acumulam na alma por motivos diversos, por bobagens das mais tolas, às vezes até desconhecidas, tais como traumas de infância que nem sequer alcançaram a consciência (que você não sabe que tem e quando sabe não aceita); muitos não aferidos, outros não dissolvidos, enfim, temos tantas dores guardadas no porão escuro onde não queremos mexer... Isso já é difícil sendo uma pessoa sem vício, imaginem com vício. Imaginem que, além de toda neura que nós todos temos e lutamos para nos livrar, ainda há uma droga no meio para retirar de nós a consciência. Não dá. A droga se torna a fuga, gerando uma falsa película protetora em torno dos medos, enquanto alimenta o monstro que, mais cedo ou mais tarde, desperta, faminto, devorando tudo e todos.

Certa vez, eu estava com uma amiga que é filha adotiva e que somente soube disso quando já estava casada e com seus filhos maiores. Foi uma desolação total. Caiu em depressão. Só que ela não sabia que era uma pessoa triste desde sempre, menos ainda o motivo dessa tristeza profunda que comprimia seu peito, afugentando-o fortemente. Ela era uma pessoa de semblante baixo e necessitava consumir bebida alcoólica para se libertar, tornar-se feliz, porém sem aspecto de alcoólatra. Bebia de quinta a domingo, e bebia muito. Tinha esse hábito. Também fumava muito. Ao descobrir que tinha sido adotada, entrou em um luto profundo, em um terceiro nível de tristeza, e o câncer aflorou. Por mais que os filhos fizessem a festa, agradecendo à avó por ter tido uma atitude tão nobre com a doce mãezinha, ela não vencia o traço da rejeição da mãe uterina. E permaneceu na dor por anos, sem aceitar o fato de ter sido deixada em um hospital, abandonada pela mãe. Em seguida, manifestou pela segunda vez outro câncer.

A história narrada mostra de um lado a falta de condições (emocional, financeira) da genitora em cuidar da criança, do outro a boa ação daquela mãe de coração que veio acolhê-la, dando-lhe o melhor de si. Entretanto, ao tomar consciência disso, essa mulher jamais enxergou o quanto foi acolhida pelo lar de amor de sua verdadeira mãe, que a educou com muita dedicação e zelo. E, mesmo antes de ter ciência de que fora adotada 15 dias depois de ter sido abandonada pela mãe natural, ela sempre tivera um traço forte de rejeição, o que era demonstrado pela dificuldade de conviver com a família. A mãe adotiva tinha 12 irmãs muito unidas e cada uma com seus filhos. Então, ela, a filha adotiva, mesmo antes de saber disso, já sentia os efeitos da rejeição e sofria de uma tristeza perene "sem razão". Sentia-se excluída, ou se excluía?

Excluía-se, certamente. Todos a amavam com fervor, porque era uma boneca muito afável e dócil quando criança. Entretanto, na adolescência, passou a manifestar os fortes traços da falta de aceitação própria. Não se aceitava porque a rejeição da mãe repercutiu nela ainda na gestação. E não soube lidar com isso e todo sentimento represado ganhou força e explodiu.

Falei tudo isso para mostrar o quanto temos nossos monstros guardados em nossos porões. Às vezes estão tão profundos que não temos acesso fácil a eles, como esse caso da filha adotiva que teve uma vida de conflito afetivo mesmo sendo tratada como rainha. Logo, não temos noção do que nos entristece tanto, por que somos tão nervosos, agitados? Ou por que somos calados demais? Como reagimos a este ou àquele acontecimento? Uma resposta menos graciosa de um pai causa um estrago no filho que a recebe com ar de desamor. Tudo isso gera uma complicação muito grande no íntimo daquele que recebe tal resposta e a absorve como energia destrutiva. Daí, criam-se os caroços nocivos que desembocam em crises de depressão e autodestruição, e até mesmo em um câncer.

Lembre-se daquele irmão com quem você não consegue conviver! Dos conflitos que tem com seus pais. Comece a observar quem lhe incomoda e irá descobrir os motivos dessa indigestão. Esse é o primeiro caminho para a cura.

Imaginem então um viciado em drogas. O que podemos esperar de um? Que se regenere após o nascimento da filha? Até que esperar é uma atitude automática de todos nós, mas não podemos contar com a expectativa.

Alice acreditou que estivesse apaixonada por aquele homem que acabara de conhecer, por suas próprias carências afetivas e referências que tinha da figura masculina. Seu pai era alcoólatra e sua mãe o aceitou e lutou para que ele deixasse o vício, fervorosamente, porém sem êxito. Sofreu violência física e emocional e não agiu para mudar seu rumo. Assim foi o modelo repetido. E ele, carente e sem rumo, encontrou nela a segunda mãe. Ou seja, duas forças doentias não poderiam dar em outra coisa.

"Meu sinal amarelo despertou quando a mãe dele esteve em sua casa. Naqueles dias, eu não pude ir lá, ele silenciou. Percebi que havia algo de errado, mas respeitei aquele momento e a decisão dele, mesmo porque havia pouco tempo de relacionamento e não queria invadir sua privacidade."

Faço aqui um parêntese: havia pouco tempo de relacionamento e ela decidiu respeitar a decisão dele. Mas havia pouco tempo e eu já frequentava a casa do rapaz, costumeiramente, inclusive ajeitando suas roupas, arrumando sua bagunça, dormindo lá, etc. E quando a mãe chega, ele me esconde? Resta claro que há alguma parte nessa história que eu não posso saber. Resta algum senão que está escondido debaixo do tapete. E se há algo dessa natureza é porque já começou errado, logo, no mínimo, terá dificuldades e muitas etapas a suprir nessa relação.

Não existe estar mais ou menos, vivendo um relacionamento com ressalvas. Isso não existe. Não há espaço para ressalvas em um relacionamento. Em uma relação, há diálogos e tudo muito bem conversado. E cada etapa vingando, normalmente. A partir da conversa, você decide o que é bom para você e o que não é. Daí resolve como seguir e se quer seguir.

Devemos ficar atentas(os) a tudo. Principalmente ao sinal amarelo. Iniciar uma relação verdadeiramente saudável necessita primeiro ser com pessoas saudáveis. Em seguida, ser uma relação limpa, desde o início. Não há lugar para vírgulas, reticências, lacunas. O relacionamento evolui, normalmente, e o problema é que todos nós queremos viver na velocidade da internet, suprimindo etapas, conhecem-se hoje e amanhã estão morando juntos. Focados na rapidez de ter um relacionamento estável, suprimimos os passos necessários, caímos na armadilha que criamos para nós mesmos. A relação perde seu encanto, porque não foi possível saber quem é ou era aquela pessoa.

Conheço casais que se conheceram, em 30 dias estavam morando juntos e tiveram filhos, e estão juntos há 30 anos. Só que isso é raríssima exceção, principalmente se você possui sinais de dificuldade de se relacionar, se possui personalidade austera. Pessoas assim necessitam se acomodar na relação, e com isso é extremamente necessária a fase de adaptação, que precisa ter tempo para amadurecer. Os pretendentes precisam de oportunidade de saber os vícios e as virtudes dos seus pares. E como conhecer uma pessoa? Essa é a tarefa mais difícil, porque a pessoa que você conhece hoje, amanhã lhe surpreende. Então, uma relação pautada no ímpeto, calcada sobre os pilares arenosos da precipitação, certamente não vai vingar. E, se vingar, ambos irão enfrentar duras dificuldades, porque o efeito surpresa é o mais devastador. Se você conhece a pessoa, sabe que ela não gosta de determinadas situações ou ações, você evita, respeita, já sabe como é. Se a cada hora o efeito surpresa surge, a relação desgasta muito mais, a ponto de se tornar uma erosão incontrolável, ruindo toda a estrutura familiar.

Certo é que João era viciado em cocaína e tinha mudado de cidade justamente para ver se tomava um rumo diferente na vida com o trabalho que a mãe lhe arranjou, que chegara às suas mãos sem qualquer esforço, sem qualquer construção. Já tinha sido internado duas vezes, mas não ficou na clínica. Sua mãe sempre pôs "panos quentes" em tudo, acobertando-o em suas decisões convenientes. O fato de montar uma loja para o filho, em uma próspera cidade do interior do Rio, não traria sucesso a João porque este dependia do querer dele. E somente arruma-se trabalho para quem quer trabalhar e não para quem quer dormir o dia inteiro. Logo, se quisesse ser alguém na vida, teria estudado, lutado por si, e não o fez. Teria montado alguma coisa que lhe desse satisfação, que o realizasse, mas também não o fez. Então, em nada adiantaria a mãe tentar ajeitar a vida do filho, nem do irmão, nem de ninguém.

Certa vez me chegou uma antiga cliente no escritório, que era solteirona, não havia casado e vivia para os sobrinhos. Sua diversão era levar seus sobrinhos para passear. Montou uma viagem para dois pequeninos e levou sua irmã mais nova, para que ela pudesse conhecer os Estados Unidos, já que havia ido várias vezes e a irmã nunca. Programou tudo, planejou passeios, compras, tudo do melhor. E sua irmã? Adivinhem! Ela reclamou de tudo, agiu com impaciência com os demais sobrinhos, atrapalhou a viagem, era sempre do contra com a cara amarrada para toda e qualquer ação. Por quê? Porque jamais aspirou um dia ir para Disney. Jamais sonhou com aquilo e achava tudo chato e desnecessário. E ainda padecia de inveja da irmã que teve de dar conta de tudo sozinha e ainda suportar o mau humor de sua convidada.

Entendeu por que, para cada pessoa, há o que realmente importa? Para o filhinho da mamãe, trabalhar na loja, no restaurante, onde quer que fosse, seria um tédio.

Tão logo iniciou seu novo projeto, João deixou a loja nas mãos de funcionários, sem lhe dar a devida atenção. Acordava tarde e sem disposição para o trabalho, não sabia sequer o que se passava por lá. Por sua sorte, encontrara um bom time para trabalhar, mas ele não queria nada com aquela vida. Tinha pavor de trabalho. Além da bebida e afins, gostava de jogar baralho e amanhecia o dia na jogatina. Mulheres nunca foram seu forte, não que não gostasse, mas o uso contínuo de droga, bebidas e cigarro fez com que perdesse o interesse por mulheres, colocando-as em terceiro plano. Sua vida era bem preenchida com suas atividades escusas. Gostava mesmo era de ficar louco e varar madrugadas acordado.

Alice estava apaixonada e fechou os olhos para todos os pontos negativos dele. Lembre-se de que a carência de um combinara com a do outro. E ela acreditava que o uso de entorpecentes devia-se à solidão que ele vivia ali, longe da família, e que iria parar de usar droga, decerto, com sua chegada, pois estavam tão felizes! Vivendo um grande amor. Fantasiou tanto que pagou preço alto.

João vivia cada dia mais apático, não tinha vontade de trabalhar nem de levantar, nem de nada. O vício comia sua mente. Nisso, Alice, crente de que o melhor seria um acontecimento que lhe tirasse do sério, engravidou. Quando estava grávida, suportou um dos piores momentos de sua vida. Teve de assumir a loja, porque o marido cheirava à noite e dormia pela manhã. Isso quando não amanhecia na mesa de jogo. Assim, a relação iniciou seu declínio. Para isso, a mãe de João apareceu lá e viu que sua estratégia não havia dado certo. Mudar o pimpolho de lugar sem tratá-lo de nada adiantaria. Mas viu que havia outra mulher em seu lugar e que talvez aquela barriga pudesse fazer por ele o que ela não conseguiu fazer. Observe que é um engano atrás do outro, é uma desculpa atrás da outra e a energia girava em torno desse filho, que já beirava os 30 anos e a mãe precisava encontrar uma substituta para cuidar dele. Havia uma dependência simbiótica entre mãe e filho e, ao crescer, o menino buscou outra dependência.

Há situações difíceis de seguir um roteiro, de saber o motivo, mesmo porque não há um motivo, mas vários aspectos que interferem na formação do ser. Toda reação nossa depende do que trazemos em nosso DNA mais as influências de nossa criação. Eu digo até mais: há sensações que se originam antes do útero, em gestações pretéritas. Mas, fazendo uma análise perfunctória, há uma série de fatores que são tentativas para se curar um viciado. Nesse caso, parecia que todas as atitudes foram em vão, justamente porque a droga destrói a mente e alimenta uma fantasia do viciado, vira o oásis, de onde tudo parte, todas as nossas ideias, nossos sentimentos, nosso entendimento. A partir do momento em que eu coloco uma substância que vai interferir em meu cognitivo e não tenho consciência disso, não busco a cura. Ao contrário disso, a pessoa que quer se ver livre da dependência por não suportar a fantasiosa sensação de bem-estar procura ajuda.

Grávida, vendo a barriga crescer a cada dia, Alice começou a sentir os prejuízos de sua falta de tato em conduzir sua vida, e descobriu que jamais poderia conduzir a vida dele, mesmo porque ninguém conduz a vida de ninguém. Já não sabia como andar sobre aquele chão arenoso. Certo é que vivemos uma ilusão que, se agirmos assim, a pessoa vai mudar; se agirmos assado, vai surtir outro efeito. Você pode, no máximo, fazer um exame interno e decidir adotar outro comportamento, ter outra atitude. Mas não vai mudar uma pessoa se ela não se decidir por isso. Se ela não quiser, se não partir dela a vontade de escrever uma nova história, em nada adiantará seu esforço.

Alice estava grávida de oito meses e, ao chegar em casa mais cedo, antes de encerrar o expediente, depois de um dia de trabalho, extremamente cansada e se arrastando com aquela barriga, 30 quilos acima de seu peso, sob 38 graus de calor, pegou o marido cheirando cocaína. Tiveram uma discussão horrenda e ele saiu de casa. Ela passou a noite inteira acordada, sentada em uma poltrona. Provou o gosto amargo de sua escolha, sentindo-se injustiçada pela atitude dele de não trabalhar, enquanto ela estava se desdobrando para manter o negócio, e enquanto trabalhava para garantir as contas da casa, o culto galã se drogava ou dormia. Enfim, ela viu os efeitos nocivos de sua escolha.

Passou a noite pensando na filha que estava prestes a nascer em um lar desestruturado como aquele, onde o pai vivia à base de substâncias químicas, sem trabalhar, sem vida, sem vontade de nada. Qual criação ele poderia dar? Qual referência? Será que iria continuar usando drogas com sua filha em casa? João não curtia a vida social, não tinha paz de sentar em um restaurante para jantar, de ir às reuniões de família, quiçá cuidar de filho. Era uma pessoa totalmente intolerante, impaciente com as mínimas coisas. É do perfil de quem usa substâncias ou qualquer outro artifício para fugir de si mesmo, excluir-se de tudo e de todos porque vive em seu mundo particular. Essas pessoas, comumente, temem julgamentos, muita observação, são complexadas, têm a impressão de ser persecutórias sempre. Por isso, é muito difícil conviver com uma pessoa viciada. São raríssimos os casos de pessoas dominadas pela droga se darem bem em qualquer núcleo de suas vidas, seja doméstico, trabalho ou outros.

Pois bem, a filha nasceu. João ficou encantado! Mexido emocionalmente; nos primeiros meses, lutou muito contra os efeitos do vício, mas precisava lutar mais. Ajudou bastante nos cuidados com a menina, nos primeiros meses, mas depois se entregou novamente. A dependência é cruel e se manteve no comando. Tão logo necessitava acordar, estava ele envolvido pelas drogas. O comércio foi declinando sem a atuação da mulher que estava comprometida com a maternidade, e tiveram de fechar as portas. Passaram a viver da mesada da mãe dele, que por um ano manteve o sustento da família. Foi um ano miserável.

Essa sensação de viver dependente sacrificou Alice, que trabalhava desde os 14 anos de idade. Durante um ano, o dinheiro foi contado e para toda despesa havia uma prestação de contas. Assim, exigiu do marido uma posição, ocasião em que a mãe lhe dera uma casa para colocar a loja e se virar. Novamente a história se repetiu. Mudaram-se de cidade, foram morar do lado da mãe no interior de São Paulo, onde o mesmo aconteceu, porém em local diferente. Outra loja, outros empregados, outro endereço, outra casa, mas a mesma conduta e o vício aumentara. Agora com uma agravante, o filho que João tivera antes do casamento foi expulso de casa pela mãe por conta de uso de drogas e adivinhe onde ele foi morar?

Daí a situação piorou um pouco, justamente porque João defendia o filho que, por ser adolescente, tinha menos noção que o pai. Fumava livremente na varanda da casa, como se fosse um ato corriqueiro. Poderia até ser, aos olhos de um viciado, mas na residência havia uma criança de 3 anos convivendo com toda essa loucura.

Alice não aguentou e pediu a separação. Filho e neto voltaram para a casa da matriarca. E transferiram para lá toda a dinâmica doentia. Ela ficou com a casa e o comércio. Sua vida se resumiu a trabalhar e cuidar da filha, mas a carência afetiva não lhe permitia viver abundantemente. Precisava de uma muleta. Sentia-se incompleta, sozinha, e acreditava que era saudade do marido.

Dois anos depois, em uma das visitas à filha, João, que também cansou de viver na casa da mãe, que já havia expulsado seu filho de lá, queria voltar para sua casa (lembrem-se de que a casa era da sogra, mãe dele), e prometeu mudanças. Até que ele começou a ir trabalhar. Nos primeiros meses foi exemplar, mas quando chegava ao comércio, entrava no jogo de pôquer pela internet e jogava o dia inteiro, sem dar notícias do que lá ocorria. Alice agora deveria novamente assumir a casa, a filha, a loja e o marido. Foram anos e anos de uma vida precária e miserável. Alice foi para a Igreja evangélica buscar ajuda. Encontrou ali o conforto de Deus e acreditava, piamente, que iria curar seu marido do vício. Virou beata, totalmente alienada na frase do pastor que prometia curar seu esposo. Cabe aqui um comentário. Por mais que você reze, por mais que você tenha fé, se a pessoa não quiser mudar a própria vida, quiser curar-se, nada irá mudar. Não tem jeito. Para João, a cocaína e o jogo, a cerveja e o cigarro faziam parte de sua vida, e deixá-los seria como abandonar uma parte de si. Logo, não vingou e manteve sua rotina.

Com a dedicação da mulher à igreja e aos filhos (porque teve outro), atitude cafona e fora de todo padrão idealizado pelo marido, que nunca teve uma criação religiosa, João foi se afastando dela cada dia mais. Havia meses que eles sequer se falavam. Passavam o mês inteiro sem conversar um com o outro, convivendo como dois estranhos. No domingo, Alice acordava cedo e ia para o culto. Declinou toda a sua energia à religião. Era onde encontrava forças para lutar naquela relação medíocre. Ela mendigava a atenção daquele homem. Mendigava, e ele não tinha interesse nela, nem nos filhos, nem em nada. Sua vida era jogo, drogas e depressão. Quando muito, inventava uma pescaria para onde ia e permanecia por 30 dias sem qualquer comunicação. Defendia que viver no mato era o melhor lugar do mundo e não se adequava a essa vida de cidade, pessoas, trabalho e afins.

Quando você não tem noção de quem é, do valor que tem, fica difícil conviver com os outros e esperar que um terceiro o valorize. Ora, João nunca quis se casar com Alice e isso ocorreu porque estava sem condições de levar sua vida adiante, sozinho, e se segurou no salva-vidas em pleno oceano. Longe da mãe, arrumou outra para cuidar de si.

Altivo e nobre que era, idealizara uma mulher de seu nível cultural para conviver, mas uma mulher de seu nível perceberia em segundos que conviver com um viciado seria uma fria. Como nunca quis relacionamento com uma beata evangélica sem cultura, não via cor naquela relação.

À míngua, a relação seguiu por anos... Claudicando entre a beleza dos filhos, a loja da mãe que a mulher cuidava, as pescarias que o marido inventava quando se hibernava na mata sem dar notícias, as drogas, o jogo, o álcool e afins. Alice ficava a postos esperando quando, naquela dinâmica de vida, naquela rotina, iria lhe sobrar um tempo, um minuto para si. E, apesar da escassez, havia sim um tempo para ela, quando ele voltava da pescaria, eles dormiam bem juntos. Esse era o tempo de Deus! Depois de uma semana de jogos intensos que varavam a madrugada, ela tinha espaço na vida dele também! Depois disso, começava a surtar novamente. E Alice se anulava, espremida em um canto anuviado. Amor-próprio é tão fácil de sentir e tão difícil de aferir e entender. Quando não se tem intimidade com ele, quando não se tem intimidade consigo mesmo, tudo fica muito mais dolorido. Basta colocar-se em primeiro lugar em tudo e prestar atenção em si, em toda e qualquer situação.

E João pediu a separação. Depois de pisar, pisar bastante, explorar, desprezar, cuspir na cara de Alice, ele comunicou que não aguentava mais conviver com ela. E que queria se separar. Para sua surpresa, ela fez de conta que não ouviu! Isso é merecer toda a miséria que provou por 20 anos! Como uma pessoa se submete a tal situação e crê que é por amor? Que amor? Eu preciso conviver bem comigo e me amar primeiro para amar alguém. No amor não tem espaço para sofrimento. O amor não existe se você não saber olhar para si. Para eu amar alguém preciso saber o que é amor, e me amar!

"Quando ele abandonou a loja pela primeira vez, eu assumi tudo no sétimo mês de gestação. Enquanto eu dormia ou tentava dormir à noite, acordava com o som alto dele, que ficava na sala cheirando. Queria, naquele momento, que ele estivesse comigo, cuidando de mim, eu estava precisando de cuidados, mas não, ele estava enlouquecido. Depois, tivemos de conviver com a verdadeira sombra da droga e seus efeitos. Por várias vezes eu tive de tirar minha filha de casa, enquanto brincava com seus amiguinhos, para levar em algum lugar porque ele queria fumar maconha. Recebia aquele pedido como uma afronta, mas era melhor eu sair do que ele fumar com todos nós em casa. Tudo isso foi juntando um monte de pedras dentro de mim, mas eu não conseguia me separar dele. Até que minha filha ficou adolescente e percebeu tudo. Viu que seu pai era um homem fraco, sem rumo na vida, um dependente químico que necessitava de alguém o pajeando sempre. Por mais que eu quisesse proteger a família, não consegui."

Observe que Alice pretendeu a vida inteira proteger a família, mas se esqueceu de si mesma. Nos últimos anos em que vivera com João, ela estava cada vez mais dependente da igreja, como se o ritual fosse lhe trazer um alento. Submissa ao poder que a religião exerce, debaixo das orientações do pastor, tornava-se mais incompatível para viver aquela relação porque seu marido era ateu, um homem antenado em outras culturas, que se interessava por outras coisas. Menos igreja! Era um homem inteligente, todavia.

Observe que João dependia de drogas e não queria largar o vício, e Alice passou a depender da igreja para conviver com ele. Era uma busca infinda de dependentes. Logo, dois polos com a mesma característica. Há um ditado popular que fala que conviver com louco o torna um louco. E esse é o retrato desse caso. Após muito desalinho entre o casal, veio a ruptura. Nos últimos meses de convivência, Alice chorava pelos cantos, quando deveria se sentir aliviada pelo desfecho. Seria uma oportunidade de ela viver em paz com seus filhos. O problema é que João, com todo seu alienamento, foi quem pediu a separação. Mesmo ela ciente de que aquilo era pouco, que a relação era um ultraje e não compensava, não teve coragem para mudar sua história. E esperou que o louco tomasse atitude.

Ela se desprezou.

O fato de você ter ciência de que a relação é pouca, inadequada, miserável, já lhe tira a autoestima, o que é motivo suficiente para mudar o rumo. Quando você se conscientiza de que vive em uma trama chula, sem nada, e não toma atitude, recebe migalhas! E a situação piora quando, em sua cabeça, o outro é o causador daquele cenário, a sensação de inoperância faz cavar ainda mais o vácuo que se abre.

Nos últimos seis meses de convivência, João não dava bom dia nem boa tarde, e saíra do quarto. Passou para Alice algumas providências que precisava tomar para o desfecho do processo, como vender a casa, procurar outra para morar e afins. Como ela sempre fez tudo desde quando conheceu o "príncipe", cabia a ela essas tarefas. Ele não arredou o pé de onde estava e passou a tratá-la como uma subordinada, uma auxiliar. No final do dia, pedia a prestação de contas. Chegou a ponto de solicitar que ela fosse arrumar sua mudança, suas roupas e levar para sua nova casa. E ela foi. Lá estava ela organizando a cozinha, o quarto, colocando os tapetes, decorando. Talvez até tivesse esperança de aquela "saudável" relação ainda ser recuperada.

Cada um aceita a miséria que lhe é oferecida. Ninguém é vítima de nenhum sofrimento.

Quando Alice se conscientizou de que tudo não passava de uso de sua pessoa, uso da dona de casa, da empresária, da mãe que ela sempre foi, ficou revoltada. E caiu em uma depressão. Fechou-se para tudo e para todos, trabalhando à míngua com a ajuda da filha para se levantar. O famoso luto, necessário a toda e qualquer perda.

Acontece que Alice não perdeu nada porque ela nunca teve. Nunca teve um homem ao seu lado, nunca teve carinho, apoio, nada. Teve, sim, noites em claro, dor e sofrimento.

E você? É isso que quer para sua vida? Viver uma relação miserável em nome da família? E seu valor? Onde ele mora? Decida por você, tome as rédeas de sua vida. Quem não tem nada não perde nada, e deixando a relação doentia para trás, dando nela um fim, você terá condições de encontrar uma pessoa do bem. Quando você faz o bem para si mesmo, atrai pessoas que estão nessa mesma sintonia. Então se queira bem, sinta o quanto você merece conviver e viver com uma pessoa que combine com sua energia, que combine com você.

Capítulo 6

A Busca

Quando descobrimos que podemos transformar um quarto em uma mansão, quer dizer que chegou a hora de iniciar a reforma, ampliar o ambiente! Expandir, expandindo-se!

Carmem pediu a separação aos 58 anos, com dois filhos criados, e iniciou seu processo de renascimento após o término do casamento. Apesar de ter consciência disso, tudo foi muito sofrido, doído. A sensação era de esmagamento do peito, de fracasso, mas sobreviveu. Deixar desmoronar o castelo que construiu com sua alma não foi fácil. Daí veio o fosso profundo abrindo suas costelas, engolindo seu peito, expirando um ar quente expandido pelo vácuo que se formara... Chegou a hora. Não tem mais jeito. A separação veio ao seu encontro.

Há determinados momentos em que a vida toma atitude por nós. Isso porque vivemos tão absortos no mundo sombrio da desesperança, da destemperança, que não enxergamos o que acontece à nossa volta. Assim, a vida vem e nos envolve em sua artimanha e nos mostra que não há outro caminho a não ser o da separação. E ela nos sequestra.

Carmem se casou porque se encantou e do encanto se acomodou, mesmo sentindo que a verdade sobre a relação parecia mascarada, escondida atrás da cortina que, mesmo transparente, deixava algo entre os embalos do vento e a poeira que ali se assentava, acomodava-se entre o desvio do olhar. Seguiu. Mesmo assim, permitiu-se caminhar, deixou a relação tocar por si mesma já que sentia, de forma velada, a cobrança de sua família sobre seu casamento. Carmem já alcançava seus 20 anos sem namoro fixo e, naquele tempo, as mulheres iniciavam seus namoros sérios aos 16 anos, para se casarem aos 20, 21. Como aos 20 ainda não tinha um namoro firme, que possivelmente consolidasse em casamento, a família já cobrava uma posição a respeito.

Durante o namoro, Carmem tinha seus estados de silêncio, de quietude, e aproveito aqui para falar sobre o autoconhecimento que desde a introdução eu venho mencionando. Quando digo que pessoas que se conhecem mais têm mais condições de manter relações sadias, é porque percebem, nas entrelinhas, o que realmente ocorre nas facetas intimistas. Nesses momentos, Carmem percebia a fragilidade daquela relação. Via que ela crescia fincada nas mentiras e nos engodos de João Paulo, que era um rapaz totalmente sedutor, bom de fala, bem simpático e sempre agradabilíssimo. Havia um desconforto naquela farsa, na forma de lidar com sua família, com suas atitudes. Tudo lhe agradava e ele fazia de conta que estava sempre tudo muito bem. Mas jogou seu alerta para debaixo do tapete, crente de que com o casamento e a estrutura familiar tudo iria se acomodar. Casou, teve filhos e segurou a relação na unha. Até ser abruptamente resgatada pela separação indireta, aquela que não tem como você superar, aquela que lhe surpreende no meio do caminho, que vem ao seu encontro e fala: e aí? E iniciou sua busca quando descobriu que seu marido namorava uma menina.

Daí, gradativamente foi buscando acontecimentos, atitudes, situações, e viu que seu marido falseava em tudo que fazia, principalmente ao trazer suas desculpas, seus projetos para mascarar sua ausência perante suas responsabilidades. Carmem descobriu que em todos os aspectos de sua vida havia uma mentira. João mentia sobre o trabalho, que nunca exerceu, sobre sua postura diante da falha do filho na escola, diante da sistemática rotina de um lar. Ele sempre foi um adereço, mais um filho e nunca um homem. Carmem precisou passar por uma sequência de fatos e anos para entender o processo e sair de casa, deixando para trás sua preciosa conquista, mas seguiu, aos 58 anos, sua estrada.

A busca é um processo dolorido e difícil. Mas que busca é essa? O que o incomoda? O que o aprisiona, rouba sua paz, compromete suas horas de distração? Buscar o quê? Buscar por quem? Na maioria das vezes, esse processo vem por si só e nós sucumbimos a ele tendo de aceitá-lo. Não há muita opção. Inicia-se quando enterramos uma mulher, uma Carmem, para permitir o nascimento de outra e enterrar um hábito, uma atitude mental, uma forma emocional a qual fomos condicionados há tanto tempo; isso nos custa muito. Enterramos uma história, uma fase, uma mulher que se anulou por quase 40 anos de casada para preservar a família, para sustentar um sonho que, na realidade, nunca existiu, senão em sua cabeça. Carmem sonhou em se casar, ter filhos e seguir adiante. Ela se casou e teve filhos, mas não teve um marido, nem uma relação verdadeira.

Casar e ter filhos é menos custoso que manter uma família, uma relação saudável. Para se ter uma relação verdadeira, primeiro você precisa ser verdadeiro. Uma pessoa que vive mentindo, que formou sua vida sob o manto da enganação, não tem como construir um relacionamento verdadeiro. E João era um mentiroso nato, daqueles que sempre enrolam todos para conseguir o que quer.

Mas como encerrar um ciclo? Encerramos, na verdade, um comportamento, uma forma de vida, um estilo automático de pensar e enxergar as coisas para substituí-lo por outro. Para iniciar outro precisamos nos livrar do antigo que ocupa o espaço. Essa é a metamorfose e ela custa. Custa muito porque não há como mudar da noite para o dia, mas as circunstâncias exigem. É como a águia que vai para a montanha e lá bica a rocha até acabar com todo o seu bico, onde permanece em retiro para retomar sua vida renovada.

A natureza sofre esse fenômeno no outono, nos animais caem pelos, eles trocam as penas, reestruturam-se e retomam suas vidas, mas o homem é resistente a esse fenômeno de autoconhecimento e reestruturação para retomar seus planos mais fortes, sadios, seguros. Preferem perder o tempo, sua juventude, vivacidade, para se encostarem em relações nocivas, a viver. Mas o que é viver?

Viver é poder ser feliz. Viver satisfeita, leve, tranquila, entusiasmada com seus projetos, com seus filhos, ou sem filhos, ser feliz porque você faz o que gosta e desempenha um belo trabalho em sua vida e nas de várias pessoas. Enfim, para cada um há um conceito de viver bem, ser feliz. Você precisa descobrir o que o faz feliz porque isso é a regra, não é exceção.

Vejo pessoas nervosas, intolerantes, com o semblante carregado, insatisfeitas com a empregada, com o filho, com o marido, com a vizinha, com a mãe, enfim, com tudo. Mas o que se deve fazer para viver bem? Viver feliz? Carmem se encostou em uma relação crente de que ela era o modelo ideal, que casamento é assim, vivendo debaixo das "vistas grossas", que viver claudicante entre o real e o "real" era a regra. Que é normal ter uma relação ruim, falsa, escondida detrás da dúvida.

Os casais, a maioria deles, creem que viver mal é o certo. Mas não estamos aqui para sacrificar nossas vidas. Estamos aqui para viver bem. E muito bem.

E, para alcançar esse estado, é preciso recuar e entender o movimento do universo, que muitas vezes dá a impressão de que conduz a vida com as mãos, como se fosse tomar uma providência acima de nossas forças, como se uma mensagem caísse em nossas mãos por nada, como se você aparecesse ali naquele momento para ver aquela cena. Isso nós chamamos de destino, mas não é. São nossos anseios gritando por socorro, gritando por mudança.

Retornando ao caso, no instante em que o processo de separação se inicia é um choque. Aliás, quando ele apresenta seus sinais de única saída existente para aquele momento já é um choque. Não há como ser diferente. Esteja ciente de que não há outro caminho e que a separação é doída, é como uma morte em vida, e o luto é certo, mas é necessário. E se a situação necessita de uma decisão, melhor ser agora que esperar chegar os 60 anos. Não há como deixar para amanhã. Carmem teve de tomar uma atitude e foi levada pela sensação de ter perdido todo a sua juventude ao lado daquele crápula.

Sempre que nos vemos acuadas em uma situação difícil, atitude bem comum, isso quer dizer que chegamos ao confronto com nós mesmas, despidas diante do espelho, e precisamos tomar a direção do barco. Já não dá para permitir ser levada pelo curso do rio, no ritmo da correnteza. De um lado você, na versão tradicional, a mãe que de tudo fez, a tudo renunciou por conta dos filhos. Aquela com olhar medroso e tímido, aquela mulher crescida assim como foi plantada, domesticamente voltada para o cuidado do lar, mesmo trabalhando fora. No espelho há a imagem da tradicional, agora com nova tecnologia. Uma tecnologia imposta que exige adaptação. Daí inicia-se uma busca... Esse processo é dolorido, mas compensa! Recompensa! Afinal, sua bagagem serve para quê? O que irá levar em sua mochila? Pedras opacas e pesadas ou diamantes?

"Eu dediquei minha vida à nossa relação. Respirava tudo em conjunto. Apesar de trabalhar muito, ser totalmente independente, ter uma profissão próspera, havia em mim o sentimento de nós dois, uma união acima de duas pessoas, mesmo o dinheiro sendo meu. Eu era o arrimo, a fonte geradora de todos os recursos da família e a cada projeto novo dele, eu estava ali para apoiar, para vencer ou perder. Estava ali para lutar junto. Eu era funcionária pública com alto cargo no Tribunal de Justiça, fiz carreira e minha vida era minha família e meu trabalho.

Ele era empresário, como dizia. Na verdade, era 'roleiro'. Adorava um rolo, um negócio precário e malfeito. Comprava uma coisa e vendia. Nunca tinha dinheiro para o básico da casa. Nunca exerceu seu dever de 'chefe de família', mesmo porque nunca foi nem pai, nem marido, nem nada. Não educou, não deu assistência aos filhos, como provedor não soube dar carinho nem direção.

Sua situação financeira era totalmente instável. Havia dias em que tinha dinheiro para alguma eventualidade, ou para pagar um sorvete para as crianças, em outros não tinha nada. Se ele falava a verdade, não sei. Aliás, eu sabia de tudo sim. Demorei quase 40 anos para começar a exigir isso de mim mesma. Tomei uma atitude porque já estava em minha cara e eu não suportei. Percebia que tinha uma coisa errada no ar, mas eu fingia não sentir. As pessoas pensam, nós pensamos, que somente existe o que vemos. Temos de pegar um recado, ver a cena para acreditar no crime, mas não precisa. Lembro-me de que peguei umas mensagens no telefone dele num final de tarde, próximo ao final do ano, assim que cheguei do trabalho. Ele já estava se encontrando com a namorada, mas ele me disse que era engano e eu – creio que até por defesa – não quis avançar no assunto."

Você sente quando acende a luz vermelha, e quando ela acende é porque está na hora de agir. Carmem percebeu tudo, sabia que ele era um falsário desde seus primeiros encontros, mas se casou e deixou passar 40 anos. A troco de quê? Porque tinha um modelo desse em casa e acreditou que assim seria normal.

Seu pai não era um falsário nos negócios. Era um professor concursado do Estado e muito correto, mas mantinha relações extraconjugais e as filhas sabiam, e toda a cidade tinha ciência disso. O modelo com o qual convivemos, a educação que recebemos em casa, mormente será aquela que aprendemos ser e viver, por isso ouvimos tanto sobre a repetição. Repetimos o que aprendemos em casa. E Carmem, implicitamente, de forma velada, cria que não tinha de valorizar os "defeitos" de João Paulo e sim suas qualidades.

"Lembro-me bem de que certa vez ele cismou de comprar uma pizzaria. Alardeava que havia aparecido uma oportunidade muito boa de negócio e ele não podia perder, mas para tanto necessitava de 40 mil reais de entrada. Dei o dinheiro. Todas as suas invenções eu estava a postos, pronta para apoiar. Ele ficou com esse estabelecimento por seis meses e se desfez dele. Disse que nada havia recuperado. Também não me devolveu o dinheiro e ficou por isso mesmo. Vez ou outra ele tentava um negócio, mas nada dava certo e sempre meu dinheiro era 'investido'."

Carmem sempre foi provedora e se deixou levar pela malandragem dele. A partir do momento em que você aceita a condição de custear o lar e não exigir de seu marido um papel colaborador, é porque está propiciando o próprio estado de um prover e o outro usufruir. Trabalhos existem, dos mais variados aspectos. Então quem criou a própria situação foi uma pessoa que a permitiu.

"Eu cria que todo esse conjunto de situações compunha o ente familiar. Eu vivia em uma mentira e me alimentava dela, ou melhor, eu permitia que essa farsa tomasse conta de meus almoços de domingo, do jantar que fazíamos para os filhos, das viagens de férias, do Natal! Fazia tudo isso acreditando na relação. Quando ele estava com a pizzaria, eu sacrificava minhas noites para ajudá-lo, ou apenas fazer companhia. Chegava em casa no final da tarde e ainda seguia com ele até de madrugada lá. Não sei se eu ia para não dar espaço para outra tomar meu lugar ou porque queria mesmo ajudá-lo. Em minha percepção, eu pensava que, estando ali, iria dar uma força ao negócio, a ele mesmo, enfim, pretendia fazer o papel correto da esposa, e após cumprir com meu horário, eu ainda o ajudava. Tudo em vão! Tudo exploração! Mas acreditava naquele sonho que criei. Eu juntei pedra por pedra para construir minha família. E o mais intrigante é que eu sabia, desde o início, que havia uma repulsa minha em relação a ele, mas não parei para me perguntar o que seria... Joguei tudo debaixo do tapete e lá deixei. Eu vivi a relação a dois sozinha. Apesar da presença dele nas ocasiões mais marcantes e juntamente com os filhos, formávamos uma família. Porém, apenas eu era a provedora dessa relação com minha energia vital, meu dinheiro, meus projetos, minha casa e meus filhos. Eu era dois. Ele era um fantoche coadjuvante, presente em corpo e às vezes nem tanto, isso porque sua atenção sempre esteve nos casos que mantinha fora da relação com as mais variadas mulheres. Trabalhei duro por anos e quando comprei a casa onde moramos por 20 anos – a mesma que abandonei quando me separei –, eu curti aquele momento como um dos mais importantes de minha vida! Eu ter uma casa foi uma conquista maravilhosa, porque morar em São Paulo em apartamento era, para mim, um improviso. Em minha cabeça, que sempre vivi no interior, casa é que era o ideal. Eu realizei meu sonho!

Planejei por anos e anos e quando consegui foi uma das melhores sensações que experimentei. Mas eu vibrei com cada piso, cortina, almofada, sozinha. Curti cada planta que finquei ali. Para ele não passava de uma coisa a mais. Ele nunca viveu essa conquista. Aliás, ele nunca viveu a dois, não viveu comigo, viveu com o conforto que eu propiciava. E usou meu dinheiro para bancar suas diversões paralelas."

Carmem vivia entre o trabalho e seu lar. Era disso que gostava e em sua ilusão possuía um macho que a protegia, que a auxiliava na educação dos filhos, que levava e buscava na escola. Também era aquele que exigia roupas e sapatos bons, caros, que programava as férias, escolhia os locais que iriam conhecer, fazia todo o roteiro, administrava tudo, com a estrutura da mulher, fazendo uso permanente de seu cartão de crédito adicional.

João não tinha uma profissão, não tinha trabalho e nunca tinha dinheiro. Seus negócios nunca vingavam. Cada dia inventava algo diferente e sempre se dava mal. Mas isso já era alguma coisa para mascarar e dar satisfação para a família em momentos comuns. Precisava se justificar de algum forma.

"Até hoje não sei se minha ficha não caiu ou se eu era mesmo muito apaixonada. Talvez não quisesse mexer no ninho. O que era, não sei. Eu percebia algo errado, alguma coisa me incomodando muito, trazendo situações de extremo nervosismo e amargor. Eu apenas seguia adiante. Jamais pensei em me separar daquele homem. Ele fazia parte de um contexto muito precioso meu e de meus filhos e eu pagava o preço que fosse para tê-lo comigo. O certo é que enquanto eu trabalhava, fazia cursos em busca de melhor posição em meu emprego, ele vivia das oportunidades da vida, e dava falsa assistência aos filhos. Era extremamente bem-disposto e carinhoso com os filhos, para eles estava sempre a postos, mas também não se incomodava em dar conta de nada. Tinha tudo nas mãos porque eu fornecia.

Quando nos conhecemos já tínhamos traços bem estridentes de fracasso. Havia os primeiros sinais de como seríamos. Eu já estava na faculdade e ele vendendo e trocando carros. Em um mês perdia dinheiro e em outro ganhava. Adorava correr riscos. Confesso que aquela versatilidade dele me encantava! Mas passou, e quando eu abordei a primeira conversa nesse sentido, ele me tirou de cena, como quem dizia que ele era feliz assim na eventualidade das coisas. Desmerecia tudo o que eu dizia. Certamente nada tinha o que se aproveitar."

Fantasia. A fantasia é algo necessário, inerente à vida, daí você ignorar a realidade e se prejudicar é outra coisa. Como já dissemos, casamento é mais que trocar alianças em Paris, que erguer o castelo o qual guarnecerá a princesa e sua aliança, o vestido de noiva, tudo isso faz parte de uma satisfação pessoal, daí passar por cima de você mesma, de seus ideais, desrespeitando-se para manter uma relação é algo bem diferente.

"Demorei a enxergar tudo isso. Foram 40 anos de minha vida dedicados a um relacionamento falso. Só descobri tudo isso quando ele cansou de esnobar minha presença, quando ele apenas deixou vir à tona tudo o que sempre foi, tudo o que sempre gostou de ser. Eu ainda deixei minha casa e fui embora aos 58 anos de idade, já aposentada. Pedi a separação porque, além de viver às minhas custas, ele arrumou outra de 30 anos, da idade de seu filho mais novo. Só por isso! E não tive outra opção. Eu sabia que apenas aconteceu o que já estava previsto em face da falência da relação, diante de seus pilares frágeis! Em face de minha cegueira!"

Não podemos fechar os olhos para nós mesmas. Toda vez que priorizamos algo ou alguém além de nós, sentimos a dor do corte na carne. Sentimos nosso peito ser esmagado pelo peso de nosso descaso conosco mesmas. Nem pelos nossos filhos devemos nos submeter a qualquer situação contrária aos nossos valores. Nem pelos filhos devemos viver com uma pessoa que nos traz sofrimento e dor.

Carmem nunca suportou o jeito "malandro" de seu marido, nem sua postura como pai, menos ainda como homem. Por isso se machucou tanto e por tantos anos e procurou, entre um turno e outro, entre um problema de um filho ou em seu trabalho, esquecer-se dos malabarismos que tinha de fazer para perpetuar intacto seu castelo. E foi açoitada pelo demônio que sempre alimentou. Quando descobriu que seu marido, aquele homem que sempre usou e gozou de seu conforto, de sua estrutura física, mental, emocional, de sua ideologia, estava namorando com uma menina da idade de seu filho, não teve como suportar e decidiu se separar.

"Quando pedi a separação ele ficou desesperado, dizia que queria ficar comigo, acho que nem ele sabia o porquê, estava acostumado a mandar, a conduzir a situação a seu bel-prazer, a ter tudo nas mãos na hora em que queria. Lembro-me de que certa vez viajamos de férias e eu – como de costume – aluguei uma casa, escolhi a praia, fiz a compra de tudo que precisava e seguimos rumo ao litoral. Ao chegar lá, com tudo pago e organizado, pronto para recebê-lo, ele disparou sua metralhadora, passou a reclamar do cheiro da casa; ao deitar, reclamou do colchão; e assim sucessivamente. Tudo tinha um defeito. A praia estava cheia demais, o clima muito quente e ele, que precisava descansar, estava desolado.

Descansar de quê? De mim, dos filhos?

Na verdade, esse homem beirando os 60 pretendia viver como se fosse meu filho mais velho. Felizmente a outra – bem mais jovem – apareceu para me ajudar a enxergar quem era a pessoa com quem eu dividi a vida por tantos anos. Ela não fez mal, ao contrário, foi uma auxiliar a ver quem era o coadjuvante que eu criei por quase longos 40 anos.

Perdoar a traição não seria problema se eu tivesse algo de bom neste casamento: minha dor foi perder um companheiro que nunca tive, foi perder tempos valiosos de minha vida com uma pessoa que só existia em minha imaginação."

Aqui cabe um parêntese: quantas vezes vivemos uma relação imaginária? Uma doce ilusão que somente nós vivemos? Várias. Muitas pessoas se relacionam com pessoas negativas, digo, destrutivas, que apenas focam no pior, no pessimismo, que não sabem o que é relacionar-se, o que é cuidar do outro, o que é ser terno. Quantas vezes nós mesmas nos decepcionamos porque criamos expectativas no outro? Quantas vezes alimentamos a fantasia do outro que também vive uma fantasia?

Na verdade, Carmem abriu mão de si mesma porque pretendia manter e preservar sua família. Mas agora, beirando os 60 anos, teve de se separar porque não iria bancar o marido e a namorada dele por mais tantos anos. Isso é fato. Se os filhos cresceram, saíram de casa, e ela já não possuía nada mais naquele ninho, não iria ficar só com a conta. E foi por essa sensação que tomou atitude. Ou seja, se João Paulo fosse um marido que desse conta de agradar a mulher, com sua cordialidade, fizesse com Carmem o que ela gostava de fazer, acompanhando-a de forma agradável, não iria se separar nunca, porque havia algo compensador nessa relação.

"Quando me perguntam como eu aguentei tantos anos de maus-tratos e falta de companheirismo, ainda não consigo responder, estou procurando a pessoa que eu era antes de me casar. Eu era alegre, cheia de projetos, de sonhos, e não me aquietava por pouco. Estava sempre disposta a viver! Tinha amigos, era uma pessoa divertida!

Não vou culpá-lo pelo tempo perdido, infelizmente eu deixei que ele tomasse conta de minha existência. Paguei um preço muito alto por minha inocência e fragilidade. Decidi seguir em frente, uma vida nova em outra cidade. Meu desespero ao me deparar com minha vida real só não foi pior porque tenho uma família maravilhosa que me ama muito e está e sempre esteve ao meu lado. Todos percebiam que eu vivia uma vida de mentira. Quando fiz a festa de bodas de prata, minha irmã me perguntou se ele estava curtindo todos os preparativos, naturalmente respondi que não. A festa era só minha, pois vivia um relacionamento unilateral. Depois de todo turbilhão, perguntei se minha irmã mais próxima sabia do caráter dele, sua resposta foi 'sim'. Por que não me alertou? Porque nada iria adiantar. Ela respeitou minha escolha. Trabalhei, criei meus filhos sozinha. São homens dignos e maravilhosos, mas sabem quem é o pai, aquele farsante, que além de me levar o material consumiu meus dias.

Quando eu pedi a separação, depois que viu que seu desespero não iria surtir qualquer efeito diante de minha decisão, ele veio com outra artimanha, o que é muito comum. Passou a desdenhar de mim visando destruir minha autoestima. Começaram os ataques. Ele fez tudo para me destruir, roubar minha coragem. Foi a única coisa que me sobrou, coragem.

Não tive outra opção. Demorei 40 anos para mudar minha vida, para estancar a tamanha falta de respeito à qual me sucumbi, para a qual dediquei meu precioso tempo. No momento do desfecho, eu tinha uma coragem que não era minha, não sabia de onde vinha, que se sobrepunha à minha alma destruída! Era dor misturada com alívio.

Ele somente acreditou no que estava ocorrendo quando o caminhão já tinha partido com a mudança. Fiz tudo silenciosamente. A voz estava escassa. Nem sequer tinha condições de conversar sobre o assunto. A casa onde morávamos, onde criamos nossos filhos, era minha. Foi a casa que eu comprei sozinha e que agora iria deixar para trás, e para me livrar das chantagens dele, eu levei o necessário e aluguei uma casa pequena no interior de São Paulo. Deixei tudo para trás. Fui com o suficiente. Não havia condições nem espaço, nem estômago para falar sobre bens, partilha e afins. Eu queria o silêncio.

Quando o caminhão desligou seu motor após quatro horas de estrada, eu respirei aliviada. Tomei meu primeiro gole de água que parecia suco com gosto de mel. Era a sensação de renascimento, limpeza, higienização! Era um recomeço! Que alívio. Imediatamente vieram à minha mente as contínuas inflamações vaginais que sofri, rotineiramente eu no ginecologista fazendo exames, tratamentos vaginais provocados por bactérias e fungos. Coloquei em risco minha saúde por conta daquele depravado. Ou coloquei minha saúde em risco por conta de minha omissão. Penso que poderia ter tido uma doença grave por causa da promiscuidade em que ele vivia. Passei horas sentindo arrancar minha pele, doer meu peito e sumir minha voz.

Fui embora, deixando anos e anos de minha juventude, deixando o sonho que idealizei!"

Carmem parecia se sentir anestesiada naquele momento. O ronco do motor, o cheiro de óleo diesel queimando e o entardecer fizeram parte do cenário mais profundo de uma vida inteira. As lágrimas corriam pelo seu rosto, e por diversos momentos chorou copiosamente até chegar ao estágio em que a lágrima seca e nela resta apenas a reflexão. Retirou da casa alguns móveis e eletrodomésticos necessários para montar seu canto e com rapidez, para não coincidir com a presença de João em casa. Ela tinha medo de, ao vê-lo, naquele momento fraquejar. E seguiu sozinha para o interior de São Paulo.

Assim iniciou uma nova vida, vagarosamente, como se a cada dia acrescesse uma hora de luz. Passava a maior parte do tempo sobre a cama, vivendo seu luto, e aos poucos conseguiu melhorar e até sorrir. Tudo muito lentamente.

Depois de seis meses conseguiu iniciar suas aulas de pilates, terapia, e interagir com seus parentes, iniciando novas amizades com planos de viagem. Ainda dolorida, restabeleceu-se aos poucos, conquistando-se. Depois seguiu sua rotina com cursos de pintura, de línguas e afins. Preferiu por muito tempo o silêncio. Quando a terapia avançou em seu porão, ela desapareceu. Não retornou mais. Isso é comum quando estamos em tratamento e chegamos à ferida aberta. Para mexer nela é necessário ter coragem e muita vontade de se descobrir. Diante de sua imagem nua, propor uma nova vida, um novo modelo e muitas vezes precisamos matar uma pessoa para renascer outra.

Carmem não suportou o encontro frente a frente consigo mesma. Conscientizar-se de que sua atitude, sua inconsciente omissão foi a causa do "desperdício" de sua vida, de seu tempo, lhe trouxe muita dor. E desapareceu. Absorta em dor, procurou a Igreja evangélica, e lá as pregações e cultos, as particularidades que envolvem a religião.

Na verdade, Carmem não se desperdiçou. Apenas aprendeu a lição que necessitava aprender, e aos 58 anos teve a chance de retomar as rédeas de sua vida. Mas ainda está na incubadora, em reflexão.

Quando digo recomeçar a vida, não necessariamente você precisa reatar outra relação para ser feliz. Certo é que uma relação saudável faz muito bem, não apenas com um companheiro, mas também com o filho, o pai, o tio, o amigo e o parceiro.

Capítulo 7

Há Certas Coisas que Nem o Amor Aguenta

> *Quando nos submetemos a determinada relação por conta de outros interesses, até mesmo imateriais, fica difícil construir algo consistente, justamente porque destoa do propósito. E o casamento tem o único e mais poderoso alicerce... o amor.*

Selene é uma pessoa maravilhosa! Sempre leve, doce e acolhedora. É aquela amiga com que você conversa hoje, troca suas mais íntimas dores e sabe que está em casa. Uma pessoa em quem você confia de graça, mesmo tendo visto poucas vezes. Não há maldade nem falsidade. Iluminada, sempre ligada em esportes e envolvida com a natureza, passa um ar saudável, mente e corpo. Além disso, é sempre bem cuidadosa com os filhos. Uma mulher do lar em plena época atual, em que todas ou quase todas as mulheres trabalham e se desdobram entre projetos pessoais, profissionais e tudo mais! Em um tempo no qual todas são independentes, ela cultiva, com serenidade, a submissão ao seu marido.

Como assim? Espere para ver.

Mas Selene não deixou o mercado de trabalho porque quis. Ela não pôde mais trabalhar nem fazer mais nada de que gostava porque se apaixonou por um príncipe que virou monstro, algo bem comum de ocorrer, mas não um monstro dessa dimensão. Ela é casada com um homem dinossauro que, além de nocivo, imprevisivelmente bipolar, tem visão distorcida e maldosa em tudo que vê. Ignorante, estilo violento, sem respeito ao próximo nem compaixão com a classe mais frágil, como idosos e crianças. Aquele macho fora de moda estilo coronel nordestino, que já não se ouve nem falar, menos ainda se casa com um traste desses. É como um espírito zombeteiro perdido por aí a apontar o negativo em tudo, aumentando-o de tamanho consideravelmente. É aquele inconveniente que não possui amigos, que não se relaciona com os outros, que faz questão de brigar com os vizinhos para tentar impor sua supremacia. Todavia, só ele acredita nela. É o enojado pela grande maioria e suportado por uns que dele necessitam. E seu filho seguiu seu caminho. Com o exemplo do macho forte que imperou dentro de casa, teve um bom modelo da mãe, que sempre lhe mostrou o caminho do meio. No entanto, foi o pai que ele elegeu como exemplo. Personalidade também difícil de conviver.

Ela, além de linda por fora, é linda por dentro, e todos que conhecem Selene se perguntam como essa mulher maravilhosa vive essa relação. Essa migalha de relação terrorista, que lhe submete a pisar em ovos em toda e qualquer situação, seja com amigos, seja com parentes dele ou dela. Sua vida é uma lamúria, uma tortura, e oscila entre um extremo e outro. Se está sozinha, está superagradável e feliz. Se está acompanhada é outra pessoa. Só pode dar atenção e olhar para ele.

Deve ser muito difícil viver transitando entre dois mundos. Em uma hora, você pode ser você e viver em seu mundo; em outra, no mundo conforme a exigência e presença de outrem. "Eu, Selene, nunca pude ser só minha, há sempre uma crítica, uma ofensa, uma ponderação exacerbada, colocada exatamente onde não deveria estar. Assim eu vivo 28 anos de casamento. Assim não posso rir, brincar, tirar minhas fotos, falar com quem eu pretender, conforme meu olhar sobre o caso, colocar a roupa que gosto de usar, porque tudo, em tudo, ele me castra. Não vivo minha vida, eu vivo a vida grosseira e grotesca dele."

Depois do marido, dos filhos, da casa, dos interesses da vida profissional dele, vem Selene. Aquela que não tem vida e com ninguém se relaciona porque é obstruída, categoricamente, por ele. Essa decisão de viver assim é um dos maiores desrespeitos que você faz consigo mesma. Sem falar no desperdício de vida, justamente porque cada minuto seu é muito precioso e deve ser muito bem vivido.

Por que as pessoas se desperdiçam tanto?

Desperdiçar a vida é estar presente somente de corpo, mas não de mente nem de alma, é viver feito indigente, de migalhas, distante sempre de onde está procurando, sempre para onde quer ir.

Desperdiçar nosso tempo, nossa alegria e vivacidade é algo que nem percebemos, mas fazemos constantemente. Não raras as vezes estamos juntos dos nossos, em um instante tão ímpar e intimista, e estamos preocupados com a segunda-feira, com os compromissos, que nem vemos o quão importante é aquele momento. E não aproveitamos nosso tempo, deixando-o correr por nossas mãos feito água de rio. Vejo pessoas que vivem no passado, presas a lugares, aos conceitos, às ocorrências daquele tempo, aos traumas ou às situações que não lhe permitem prosseguir na vida. Vivem girando em torno de mágoas e ressentimentos ou presos ao espaço que ocuparam em tempos pretéritos. Vejo outras sonhando com o que querem ser, onde querem estar no futuro, flutuando diuturnamente estando aqui, ali, com a cabeça longe. São pessoas que vivem em fuga. Fugir de minha realidade, fugir de mim.

Tudo isso difere de saudade daquilo que viveu, bem como do planejamento de projetos futuros. Saudade é uma sensação gostosa e benéfica, até mesmo para seu emocional, porque você deve se lembrar e ter orgulho de quem foi, do que viveu, com quem viveu. Assim como deve plantar hoje para colher amanhã, dedicando-se a algo que irá lhe trazer progresso e evolução. Logo está aproveitando bem seu presente. O que difere viver no passado e no que vai chegar.

Selene raras vezes vivia seu presente, curtia-se somente quando estava sozinha, com seus filhos, seus parentes, com quem ela poderia ser ela mesma. Rotineiramente vivia fora de si, sugada pela presença do marido afoito, depressivo, descompensado.

Certo dia, Selene reclamou que queria ter seu dinheiro para suas necessidades básicas, como um salão, comprar um presente, e gostaria de trabalhar. Rapidamente ele resolveu o problema dando um presente, uma ótima oportunidade de progresso! Contratou-a para ser sua secretária. Essa foi a forma que encontrou de ter seu dinheiro para o básico, trabalhando para seu marido.

Apesar de ser muito comunicativa e dócil, Selene não tinha amigas porque ele não permitia, e quando ela insistia, certamente iria se dar mal. Alguma coisa aconteceria nessa relação. Ela dormia com uma bomba, pronta para explodir, e acordava com o poço do mau humor.

Para se ter uma ideia do perfil do troglodita, certa vez – apesar de vários eventos desse tipo ocorrerem rotineiramente em seu prédio – um senhor de uns 70 anos adentrou o elevador com seu cão e, timidamente, o colocou assim no canto, diante da cara franzida do "anfitrião". Ele odeia cães e animais de toda ordem. Isso foi o suficiente para iniciar uma torrente de agressão contra o idoso, que o olhava tão impressionado sem saber o que dizer contra tamanha maldade e azedume que lhe foram desferidos. Por conta de um cão no elevador, foram proferidas sórdidas palavras. Ele não gosta de cães nem suporta que pessoas tenham seu bicho de estimação em casa, e animal, com ele, não anda no elevador. Tudo bem que o ancião estava errado de transitar com o cãozinho pelo elevador social, mas daí reagir de forma agressiva contra um senhor de idade avançada é ser um desequilibrado. É aquela necessidade de chamar a atenção dos outros e mostrar que "eu sou o bom", aquele que todos respeitam, que impõe medo, quando na verdade é aquele que todos fazem questão de não conviver. De não o ter como vizinho.

Selene petrificava-se e, diante de tamanha crueldade, calava-se perplexa, engolindo sua voz, seu ódio e descontentamento diante daquela atrocidade. Calava-se, rotineiramente, e triste levava sua vida com ele.

Certa vez, em um almoço em família, sua mãe, pobre mãe, sutilmente pontuou sobre a forma como ela lidava com seus filhos, já que ela, avó, não podia conviver com a família como pretendia. Na verdade, a avó apenas queria passar um final de semana com a neta mais nova, poder dormir com ela, curtir seus brinquedos, seu mundo, dar banho, fazer comidinhas, curtir a neta. Isso foi o suficiente para o monstro iniciar um escândalo homérico e colocar sua sogra para fora de casa, pedindo-a para se retirar porque tentava interferir no modo de ele criar seus filhos. Pense em uma cena totalmente desnecessária, agressiva.

Voltando ao caso do idoso, lógico que sua esposa quis morrer de descontentamento, mas, aturdida e sem voz, deixa o elevador e tem uma crise descontrolável de choro! Mas nada falava, por medo. Medo de quê? O que pode ter mais valor que a alegria?

Selene colecionava escândalos, atitudes hostis e deselegantes com todos com quem convivia e, com o passar do tempo, as agressões tomaram alcance físico. Quando ele se excedia no álcool, certamente havia empurrões, solavancos, socos. Mas ela escondia tudo isso de todos os seus.

Ninguém da família frequentava sua casa, nem os amigos, porque todos eram maltratados, aliás nem amigos ele tinha, e os dos filhos já não podiam mais comparecer. E a crise parecia ganhar corpo de monstro. Certa vez, um amigo de seu filho foi pegar um copo sem pedir licença e atravessou o braço, que encostou em sua filha. Foi o bastante para ele desatar a bomba e iniciar um show pirotécnico na presença de todos, na mesa, comendo uma pizza, que serviram de plateia para mais um surto de tamanha crueldade.

Essas situações eram costumeiras. Selene caminhava sobre um terreno instável, engolindo soluços e sem tomar atitudes. Não tinha vida e andava pisando em ovos, tensa, sem saber como agir, em toda e qualquer situação, quando Jarbas estava presente.

Todos que conheciam a dinâmica do casal se perguntavam por que ela continuava mantendo e aceitando uma relação precária como aquela. Seria por conta dos filhos? Isso seria muito pouco, mas há várias mulheres que vivem em situações miseráveis por conta de filhos.

Passaram-se anos, os filhos cresceram, Selene completou 48 anos, linda, magra, altiva, soberana, iluminada, madura, inteligente, enquanto seu marido mais duro, louco, violento, alcóolatra, dando todos os escândalos possíveis e imprevisíveis. A última que presenciei, lembro-me de que era noite de *réveillon* e ela se produzira com um vestido rendado, maquiagem belíssima, com cara de mulher soberana. Ao se apresentar assim toda feliz e orgulhosa, ouviu a pergunta:

– Para quem você se vestiu assim? Quer chamar atenção de quem?

Ela segurou firme, fez de conta que nada tinha ouvido e deu sequência aos preparativos da festa, já que receberia em sua casa seus parentes, que quase nunca apareciam porque eram sabatinados e ridicularizados por ele.

Pessoas mal-intencionadas creem que todas as demais também o são. Todo homem que trai vive desconfiado da mulher, criando situações que não existem. Eu julgo o próximo por minhas próprias atitudes.

Durante muitos anos, passei a me perguntar o motivo que levou Selene a se casar com aquele tipo de homem e por que permaneceu casada. Muito sutilmente a verdade vem ocupando espaço em nós, é só parar um pouquinho para pensar.

Selene perdeu a mãe aos 5 anos, e teve de se submeter à falta de tino do pai em cuidar das filhas. Depois se submeteu às maldades da madrasta, com quem seu pai se casou rapidamente elegendo a moça como mãe das crias. Foram três anos vividos no lixo! As meninas viviam como crianças de rua, catando comida pelos lixos da cidade, soltas no farol vendendo balas, porque até mesmo o acesso à comida lhes era negado. Quando Selene completou 8 anos, seu pai morreu e a tia materna assumiu sua criação. Quando perdeu o pai, as quatro irmãs se separaram, cada uma com uma pessoa da família. Ela viveu o luto mais profundo por duas vezes em um exíguo intervalo de tempo. Quando completou 13 anos, sua tia-mãe que terminou de criá-la foi acometida por câncer e também faleceu em três meses. Novamente o luto arrebatador a tomou de jeito. Logo, o trauma dessas perdas sugava-lhe as forças para tomar decisões.

E não era para menos. Quando o indivíduo cresce em um lar equilibrado, ainda assim tem seus desafios, suas dores amontoadas para serem dissolvidas. Imagine viver essa insegurança com ameaça de sua integridade. Quando você encontra a estabilidade, mesmo que ela seja doentia, prefere aquele sofrimento que o que já viveu.

Selene pensava que mal mesmo ela tinha vivido antes, quando perdeu a mãe, o pai, as irmãs e a tia. Sofrimento era não ter almoço em casa nem ter um adulto para dirigir a vida da criança, educando-a e dando o carinho de que necessitava. Depois que sua mãe morreu, ela se viu largada no mundo e não conseguiu mais se formar. Parecia sempre viver com uma ferida exposta que a qualquer momento poderia sangrar. Esse pavor fez com que ela se sujeitasse a esse tipo de relação.

Aos 19 anos, Selene conheceu Jarbas, que se apresentou lindo, sensual e forte, como todos quando se apresentam. Com o tempo, ela percebeu que havia nele alguns desvios, ou perturbações, algumas coisas fora do contexto, mas esperou para ver. Nessa época beirava seus 20 anos, era secretária de um escritório de advocacia e pretendia estudar. Entrou para a faculdade e, concomitantemente, foi pedida em casamento, evitando assim que ela estudasse.

Foram grandes as brigas travadas entre o casal por conta dessa faculdade. Selene peitou a situação e foi se matricular, mas não teve como manter a paz para estudar. Todos os dias era uma chateação por conta da roupa que vestia, do perfume que passava e de tudo. Seu entusiasmo com a vida o incomodava. E quando a instabilidade ameaçava ocupar espaço em sua vida, ela recuava, temendo o gosto amargo dos conflitos que vivera.

Selene engravidou e deixou os estudos. Cedeu a toda atrocidade do marido, crente de que era o melhor caminho, considerando que já não tinha mais forças para lutar. Havia digladiado no passado para sobreviver a toda e qualquer tipo de intempérie no âmbito material e imaterial. Por isso aceitou calada até violência física.

Os tempos se passaram, e com o tempo renasce em nós a vontade de sermos quem realmente somos. Naturalmente brota uma sensação incontrolável de ser quem realmente se é. Parece que vamos nos dando conta de que a morte se aproxima e que devemos nos ter. Ter para viver. Viver em nossa companhia docemente.

Selene começou a reagir. Bem devagar começou a argumentar. Mas tudo com muito cuidado para não machucar. É assim a metamorfose que nos transforma lentamente, ferindo nossa casca para que, depois de cicatrizada, forme crosta e caia naturalmente, dando lugar a uma nova pele, a uma nova vida. Aos poucos vamos nos transformando, tomando consciência de quem somos, do que nos faz feliz, do que gostamos de fazer, e vamos nos conquistando, pondo as mangas para fora, ultrapassando barreiras.

Assim começamos nosso processo evolutivo. Não que você tenha de apanhar do marido para dar início ao seu, mas cada um com a história que escreveu para si. Mesmo se Selene tivesse força para ir contra esse marido e retrucar na primeira manifestação doentia dele, talvez isso iria, naquele momento, lhe trazer mais dor. Cada um tem uma reação. Cada um em seu momento.

Quantas vezes passamos horas pensando naquela amiga que não se livra daquele marido doente, que vive relações doentias com filho, irmão, chefe e afins? São processos que o tempo nos reserva para termos o tempo de encontrar a resposta. Para cada um, a resposta a seu tempo. Há pessoas que suportam viver no conflito e com eles até se identificam. São predispostas a criar indisposição em tudo que veem e vivem. Mas fazer o quê? Não há o que fazer. São escolhas.

Narro esta história para você saber que tudo que vivemos tem um vínculo com nossa própria criação. Ou melhor, com o que criamos para nós. Quando era criança, ouvia sempre minha avó dizer que se eu não tivesse fé em Deus, eu não daria um passo. Passava horas pensando naquilo e contestava baixinho: ando sim, dou três passos se eu quiser. Mas entendi que se não tivermos fé não teremos força, e assim não damos um passo.

Permanecer na zona de conforto é muito bom. Não ter de sair de casa, dormir quando quiser sem precisar correr atrás de nada. Bom? Sem o trabalho, disciplina, percepção, contato com relações diferentes não há crescimento. E estamos aqui para escrever uma história. Nossa vida é um caderno em branco, no qual escrevemos todos os dias.

Selene descobriu que ama a estrutura que Jarbas proporcionou. A casa, os filhos, aquela dinâmica que envolve o todo. Mas odeia essa parte doente dele. Mas não tem forças para se separar, pelo menos por enquanto. No entanto, tomou algumas atitudes. Conheceu a conscienciologia e iniciou os estudos sobre o ocultismo.

Depois desse tratamento, começou a pontuar melhor as coisas, como, por exemplo, sentar-se com seu marido e falar do que estava errado, do que não era adequado, tudo com muito cuidado para ele não se sentir ofendido. Com o passar do tempo, e o comportamento diferente da esposa, ele mudou. Passou a observar mais a nova mulher que ali ganhou corpo, e a relação deu seus primeiros sinais de evolução aos seus 33 anos! Vamos aguardar mais para sabermos do desfecho em um próximo livro.

RESPEITAR-SE para se libertar

Ao adentrar aquele apartamento, senti um vapor quente ocupar meu peito, comprimindo-me a garganta. Veio uma angústia me abraçar e tomar conta de mim, não aquele tipo de abraço que reconforta e ampara, mas aquele aperto angustiante, sufocando-me em absoluto. E eu, que deveria ficar alegre pela realização de um sonho, estava aos prantos. Desviei meu olhar e saí, tentando disfarçar minha insatisfação com aquele relacionamento que nada tinha a ver comigo. Nada correspondia ao meu jeito de ser. O referido ato cumpria o protocolo de visitas a imóveis para compra, seria o primeiro imóvel para moradia da família, o que era uma grande conquista para nós dois (o casal). Naquele momento, contraditoriamente, tive uma crise de choro incontrolável, procurei a sacada como disfarce, de onde avistava uma boa parte de São Paulo, as torres da região da Paulista, um mundo infindo de prédios e parte da Radial Leste, e pensei: o que me angustia tanto? Pareceu-me, naquele instante, ser possível ouvir o eco desse pensamento, espalhando-se pela cidade fria ocupada pela névoa de minha angústia.

Não obtive respostas. O silêncio me atordoava ainda mais. Mas ele era tão bom pai, tão dedicado...

Guardei minha angústia na caixinha e segui, convencendo-me, paulatinamente, de que não passava de uma rebelde manifestação pessoal. Que esses destemperos são comuns diante de um ser que sofre alterações hormonais. Devia ser uma TPM. Acontece que essa foi a mesma inquietação e insegurança que senti minutos antes de entrar na igreja à luz de velas, com músicos espalhados pelos quatro cantos, usando um vestido lindo prata, com um buquê de flores vermelhas nas mãos. Eu tivera vontade de acabar com tudo ali, naqueles dez minutos de atraso religioso. Mas relutei, por pensar que se tratava de um destempero emocional, e não me dei a devida atenção, não atendi ao apelo daquela dorzinha que, vez ou outra, aparecia incomodando, feito um calo que, dependendo da forma que você pisa, dói. (Preste atenção, leitor. Eu não me dei a devida atenção. Esse é o problema.)

Foram vários momentos angustiantes que me levaram ao desfecho, à separação, e creio que se tivesse dado ouvidos àquela vozinha tímida que sussurrava em meus ouvidos, desferindo contra mim inúmeras perguntas, eu não teria casado. E, digo mais, se tivesse adiado mais a separação, teria morrido.

Assim, gradativamente, muitos casais se matam durante uma vida toda às turras, vivendo um descontentamento geral escondido por trás da falsa felicidade, daquilo que não existe: uma relação precária, fajuta, atrás de uma falsa aparência da família margarina. Tudo mentira! Assim, perdem o melhor de suas vidas, a oportunidade de serem pessoas leves, felizes e realizadas. São faces distorcidas, tensas, que vivem esparramadas pela sociedade afora como receita de seguir um protocolo: casar-se.

Casar é uma necessidade protocolar da sociedade. Todos os mortais, para serem realizados, devem se casar e ter filhos. E há gente que compra essa teoria como uma necessidade e peregrina por essa vida como se andasse, eternamente, apertando um calo. Nem todo mundo nasceu para ser pai e mãe, para ser esposa ou esposo. Para ser "preso" a uma pessoa. Há aquelas que nasceram com outras preferências e amam a vida de solteiro, logo devem assumir sua predileção com tranquilidade e não viver se cobrando pela imposição do protocolo, não conseguindo ser feliz. Uma vida assim não compensa.

Casei acreditando que iria ter uma vida completa e feliz, como toda noiva. A casa perfeita com filhos correndo pela sala, almoço de domingo em família, viagem, o cachorro e afins. Aquela perfeição. Todos casam pelo mesmo motivo, pelo mesmo sabor, pelo que sentimos em uma determinada época de nossas vidas, mesmo porque em certo momento somos compatíveis, em outros não. Acontece da mesma forma com amigos que antes eram compatíveis com aquela vida que você tinha anteriormente, no colégio, e depois que se tornou adulto, já não conviviam mais, uma vez que aquele amigo perfeito daquela época pregressa não acompanhou seu ritmo, seu estilo de vida e vice-versa. Assim segue com o casal, eu creio. Só não sabia que o sonho era um castelo que construí dentro de minha fantasia. Havia sonhado muito, assim como você! Eu só não tinha consciência de que o que era importante para mim, não era para ele. O que me brilhava os olhos era visto por ele com desdém. E a vida seguia nessa ordem; indiferenças.

E a discrepância entre personalidades impede o acesso de um ao íntimo um do outro. Há sempre uma contradição nas pequenas situações, como amar a praia e o outro a montanha; envolver-se com questões sociais e casar-se com uma pessoa fútil que só pensa em adereços e músculos, não dá! É necessário haver um mínimo de afinidade. Para viver junto, dividir a vida, deve existir mais que compatibilidade e não menos. Os dois não podem ser incompatíveis! Isso jamais.

Agora me dou conta de que tudo não passou de um tremendo engano, ou melhor, de uma bela escola. A melhor e mais completa de todas, onde experimentei todas as sensações, da satisfação à frustração. Onde iniciei meu processo de autoconhecimento, porque sucumbi a toda e qualquer situação de conflito em sua dolorida integralidade. Lembro-me de que eu estava em um parque e havia um cantor que cantava e intercalava suas canções recitando poesias. É óbvio que parei defronte ao anônimo que ali mostrava sua arte e correspondi ao seu trabalho com admiração e encantamento.

De repente ele faz uma pérola de comentário, referindo-se ao artista como um ser precário sem condições sequer de cantar, menos ainda prender minha atenção. Foi uma cena triste se não tivesse sido nojenta, pela insensibilidade do indivíduo diante da apresentação que me roubava a atenção e me inspirava. Por isso lhe digo, observe. Observe bastante. Assim poderá evitar muitos dissabores.

O casamento, com separação ou não, serve ao autoconhecimento. É uma experiência única, porque o leva a sentir e enxergar coisas que somente por meio desse caminho irá experienciar. Um solteirão não sabe lidar com suas fraquezas nem com a dos outros, porque não sabe o que é isso. Vive apenas em seu mundo e gosta disso. Opta por não casar, para não abrir mão de si mesmo, talvez. Concentrar em si o prazer de ter-se só para si, sua casa para si, seu quarto, sua vida, faz com que você conheça apenas seu canto e, muito embora tente uma relação mais avançada, não se permite porque não tem tolerância. Essa é uma opção, uma forma de vida.

Compreender-se por intermédio de outro, acessar-se em absoluto não é tarefa fácil, somente o confronto entre os dois é ofensivo, invasivo, mas vale a pena. Conviver com outra pessoa é conviver com sua glória e sua frustração. E, por mais que seja bom, por mais que você ame, a convivência é cruel e exige muita habilidade.

Só uma pessoa muito habilidosa vive bem dentro de um casamento. Ou uma bem covarde. Seja qual for seu adjetivo, vale muito. O amadurecimento aqui alcançado foge dos outros formatos de relacionamentos, simplesmente porque conviver com um estranho é, por si só, difícil. Desafiador. Se já temos conflitos em conviver com quem nos criou, com nossa família, imagine com um estranho, que teve educação diferente, criação distinta e tudo mais. Mas a decisão é sua e depende do que você almeja, todavia não deve se esquecer da mais importante premissa: seja fiel a você, ao que deseja. Você vem em primeiro lugar, portanto deve agradar-se antes de satisfazer qualquer pessoa. Respeite-se! Jamais aja para agradar à família, para cumprir protocolos. Tire a roupa! Fique nu.

Por que me separei? Não sei, mas creio que, em certo instante de nossas vidas, somos compatíveis, em outros nem tanto. Em um momento cumprimos papéis importantes um na vida do outro, mas em outra época, não. Naquele tempo eu e ele pretendíamos o mesmo, depois os caminhos foram mudando, eu fui conquistando outros mundos, fui descobrindo um universo repleto de novidades e aspirava a um outro formato de vida, com uma pessoa mais forte, mais firme, para que pudesse ser eu mesma. Ou talvez queria me relacionar com outra personalidade. Não houve um motivo, mas faltou um homem forte que fosse desafiador e tomasse decisões para eu admirar.

Uma vez, na terapia, eu estava na fase de limpeza da culpa que carregava por ter decidido "destruir" a família. Assim, eu perguntei à terapeuta:

– Por que tudo acabou? Até hoje não tenho respostas.

– Por que tudo começou? – foi a pergunta que recebi de volta.

A partir dessa pergunta, você começa a entender que sua vida foi se alinhavando, criando uma tecelagem longa, com alguns nós, e muita coisa foi varrida para debaixo do tapete. Vez ou outra a poeira sobe e vem à tona, em outras, você procura não mexer nesse ninho, deixando-o silencioso, adormecido feito um dragão para que não solte farpas nem labaredas. Assim, a poeira vira sujeira densa e invencível, endurecendo-se a cada dia, a cada frase sarcástica, e o declínio paulatinamente toma conta da relação. Essa é a típica relação "filha do silêncio", na qual não há diálogo. Nela, ninguém fala o que sente, não se abre, e tudo vira um "conto de fadas", um faz de conta.

Conviver com outra pessoa não é fácil. Sempre digo sobre se relacionar com a personalidade e não com a pessoa, muito embora seja fácil conviver com o corpo físico, com o jantar, a festa, o fim de semana, as horas de bom gosto; agora suportar os problemas, a família, os valores, as distorções não é tarefa das melhores. É difícil conviver com a personalidade do outro. Isso sem falar que as pessoas mudam no decorrer do tempo. Assim, com quem você se casou, há cincos anos, hoje já não é mais aquela pessoa, e você não se casaria mais, porque as pessoas crescem, mudam, interessam-se por outras coisas, têm suas particularidades, inventam outros gostos. E não havendo compatibilidade, a relação pode virar repulsa. E por aí, a vida segue. Eu passei a me dedicar à minha profissão, porque meu casamento não tinha mais graça. Mas será que se interessar pelo lado profissional, por si só, tira o interesse da relação? Claro que não. Por trás disso havia outras coisas que me faziam fugir daquele casal, daquela mentira, mas é difícil você chegar a essa conclusão. Somente consegue alcançar essa visão quando dedicar tempo e foco nesse assunto, prestar atenção em você, em suas reações. Caso contrário não irá saber o que realmente está acontecendo, o que está incomodando, como se portar diante daquele engodo no qual se envolveu. Mas é necessário e vale muito essa busca, vale sua vida. Pense nisso. Logo, se há alguma coisa que não está bem esclarecida, bem dissolvida, esclareça. Fale tudo, fale a mais, porque será melhor. Não tenha vergonha nem medo.

Medíocre é conviver com quem você sente repulsa, com quem não nutre mais admiração nem tesão. Viver debaixo do teto do ódio, pisando em um solo minado que, a qualquer hora, pode explodir, causando tamanha insegurança aos seus filhos, aos que lhe rodeiam, o que inclusive é vergonhoso. Se você não se respeita, deveria no mínimo salvaguardar seus pequeninos, que não merecem viver nessa tormenta, não merecem ter essa referência em casa. Vejo casais insistindo em uma relação doentia, vivendo debaixo de brigas, em que impera a discórdia. São pessoas que não têm consciência do quanto danificam a saúde mental de si mesmos e de seus filhos. Depois da distorção da referência dada em casa, não há como cobrar do filho uma postura diferente diante da escolha de sua mulher, seus amigos e afins.

Por que se desrespeitar tanto? Por que suportar uma relação?

Certo é que, para viver junto, tem de existir algo além do amor. Amor só é pouco, deve haver aquela ardência nos olhos de tanta admiração. E é seu nível de conhecimento próprio, evolução, que decide quem ocupará o lugar ao seu lado, quem será essa pessoa tão especial a ponto de conviver com você somando vidas. É nesse momento que vale a máxima "conhece-te a ti mesmo", não apenas como turista, a visitar o íntimo de vez em quando, mas também como inquilino permanente de um corpo e de uma mente que somam quem você é.

Considerando principalmente a noção de respeito por si mesmo, principalmente porque, quando você se coloca em segundo lugar, vai se acostumar a receber tratamento, consideração de segundo, é óbvio, não de primeiro, que será a determinante de qual espaço você ocupará naquela relação. Há mulheres que se anulam perante o marido, fazendo tudo o que eles querem, e vice-versa, perdendo a essência de sua personalidade. Logo, se você não é prioridade para si mesma, não será para o outro, e não terá como exigir, implicitamente, prioridade.

Priorizar-se: é nas pequenas e mais simples situações que fotografamos nossa relação, que podemos avaliar a quantas anda a formação de nossa nova estrutura. E que espaço você ocupa nela? Daí parte a análise que devemos fazer sempre para vigiar essa estrutura montada entre dois. Priorizar-se é, apesar de toda renúncia que a relação exige, não se esquecer de você. Renúncias são ajustes que devem ser feitos para a vida de solteiro se adequar à vida de casado. Ao contrário de deixar de ser você, deixar de viver o que sempre viveu, ter suas preferências por conta do outro. Isso é anular-se, e não ser prioridade.

Por que tudo acabou? Não sei, e muitas vezes não percebemos que o castelo vem desmoronando, ruindo-se gradativamente. Surgem olhares enviesados, rusgas frequentes, impaciência aderente! Desprezo velado no silêncio seguido de uma indiferença descomunal! Preguiça de falar, de tratar da relação. Uma sequência de atos surdos, palavras atravessadas e um vácuo quente, infindo. E não precisa de agressões visíveis para tanto. Meu casamento terminou no silêncio. Sem brigas, sem gritos, sem destemperos, o que me petrificou a vesícula, inflamou minha garganta e me infeccionou o estômago. Antes tivesse quebrado a casa inteira, gritado até perder a voz! Assim, teria externado o vapor quente que tomava conta de minha alegria. Mas nem para isso eu tinha força. Vivia na forca como uma pessoa sem voz, sem graça, sem vontade de viver. Aquela rotina chata, com aquele homem nada interessante. Estava tudo muito ruim.

Mas por que tudo começou?

Passei anos vivendo uma morte! Meu semblante era um rosto tenso, pesado e feio. Eu não ria. Cheguei a passar anos vegetando, absorta em tristeza, e tudo que escrevia tinha de esconder. No entanto, não tinha consciência disso. Cria que viver nervosa, deprimida, sem cor, sem vida, era o normal, era a vida de casado mesmo que não tinha nada de entusiasmo, exceto filhos. Interessante é que eu conversava com várias pessoas casadas e ouvia a mesma reclamação. Vida de casado era uma vida chata, sem cor. Logo, estava exigindo muito de um casamento, porque estava tudo normal, casamento era ruim por natureza. Portanto, eu deveria me acalmar e agradecer pelo marido lindo, honesto e bem-sucedido que tinha.

Bem, outro equívoco. As pessoas sempre fazem as mesmas perguntas. Honesto, bom pai, bem-sucedido. E daí? Isso é o de menos, mesmo porque eu também sou honesta, bem-sucedida, linda, superdivertida e outras coisinhas mais. Então, ser tudo isso não é novidade nenhuma. Não sei se há uma inversão de valores ou há uma falta de valorização de si mesmo. As pessoas não se conhecem, logo, não se valorizam.

Ao que me parece, e eu posso estar enganada, a sociedade, de maneira geral, equipara-se muito por baixo, por muito pouco, o que é ser feliz, sem contar que a visão machista valoriza, por demasia, qualquer tipo de homem, porque há a folclórica afirmativa de que "os homens estão escassos, então segure o seu", e se contente com ele, ou seja, se contente com o que tem, porque pior é ficar sozinha. Isso é o que a sociedade prega. Bem, ele era tudo isso e a vida com ele era muito sem graça! Não via a hora de chegar segunda-feira para eu sair para trabalhar! Mas para que achar graça? Foi aí que descobri que muita gente para por aqui e não vive, vegeta! Não são elas mesmas nem se respeitam. Vive mal, como já relatei, a maioria dos casais.

Viver na crise é viver um dilema, um teorema! Uma incerteza cruel. Você sabe que está pisando em um terreno minado, vivendo sobre um barril de pólvora pronto para explodir a qualquer hora e... continua ali parada. É uma vida infernal, envelhece, adoece... consome sua vivacidade. Não compensa. Eu me lembro de que, certa vez, encontrei uma amiga de faculdade, uns três anos depois de formada, e ela perguntou, depois de nossa conversa, por que eu não sorria mais. Não entendi a pergunta, nem tinha essa consciência, nem sabia que estava tão carrancuda assim. Passaram-se alguns meses e ela veio morar em São Paulo, e novamente nos encontramos, e ela me perguntou onde estava a menina da faculdade com quem ela conviveu por cinco anos. De novo fui surpreendida pelo baque. Fiquei meses pensando nesse momento, e sentia a voz dela arder em meus ouvidos. Essas duas situações me chamaram muito a atenção. É nessas horas que a gente começa a tomar consciência das ocorrências internas. Eu realmente não sorria mais, porque vivia amargurada. Vivia triste, pesada, sentia que algo muito me incomodava naquela estrutura matrimonial que construímos juntos, mas não sabia exatamente o quê. Tentava iniciar um diálogo sobre algo que estava incomodando muito, mas não sabia ao certo o que era.

Depois eu recebi uma mensagem dessa amiga dizendo: "Clau, seu sorriso é lindo! Sorria mais como antes. Tenho saudade dele". Isso me partiu ao meio.

Esse momento foi crucial para minha mudança. Nessa época, meu filho tinha 3 anos e eu realmente não suportava aquela relação, o casamento. Mas eu não sabia se o formato da relação era chato, ou se a pessoa era inadequada, ou se eu estava em uma fase difícil, de mudanças. Não conseguia aferir onde estava o problema, apenas sabia que ele existia e que já era insuportável. Estava em um conflito total. Nesse instante, melhor seria parar tudo e fazer uma terapia. Isso eu sugiro porque, por meio do acompanhamento, você conseguirá dar o primeiro passo para mapear a situação e ter noção do que está lhe ocorrendo. No mínimo clareia as vistas, desnuviando o manto cinzento que sufoca, corrói e escraviza. Assim, no decorrer vai descobrir-se! Entender-se. Mas eu não fiz isso. Até tentei, mas a psicóloga caminhava para a recuperação da relação, e essa possibilidade me sangrava a pele.

Às vezes, passamos uma vida sem perceber que tudo poderia ter sido diferente se tivéssemos nos separado antes. Que teria vivido melhor e permitido o melhor ao outro, porque se não está bom para um, não está bom para o casal. Não existe relação ruim para um só. Mas só temos essa consciência quando estamos mais maduros, mais entendidos do contexto geral. Compreender que merecíamos, no mínimo, uma vida a dois em sua essência, é o sinal de libertação. Isso porque grande parte dos casais acredita que viver mal é normal. Sim, eu sempre fui uma menina de riso fácil, leve, animada, criativa! E merecia uma pessoa gostosa, animada, interessante, compatível comigo. Temperamental, proativa e líder. Qualquer coisa eu estava disposta a conhecer, menos aquele paradeiro em que me encontrava. Cheguei à conclusão de que mulheres mais ousadas, corajosas, seguras, fortes, necessitam conviver com homens fortes, enigmáticos, líderes encantadores que dominam as situações, nas entrelinhas, digo, pois se demonstrarem domínio, elas fogem.

Mas eu queria uma vida a dois, uma vida agradável, com meus filhos e minha família, apenas não sabia que eu, nesse quesito, necessitava melhorar muito. Precisava de uns reparos, uns ajustes, primeiro para escolher quem realmente era compatível comigo e, para isso, precisava me conhecer. A caminhada estava se iniciando aos 30 anos, quando fiz uma viagem sozinha e descobri que ele não me fazia falta alguma, aliás, dele eu não queria nem notícia. Dava preguiça falar com ele ao telefone e uma simples paisagem, um córrego franzino me chamavam atenção. Ele não fazia parte de minha parte preciosa porque, com ele, jamais poderia observar aquele córrego.

Certo é que eu não esperava nada muito sofisticado, queria um homem com atitude de homem, porém sensível ao que era importante para mim, acrescido daqueles mimos simples, porém verdadeiros, e que me encantassem. Eu queria algo vibrante! Que chegasse entusiasmado, mesmo pelo cansaço, mas confiante. Aquela energia construtiva que encandeia! No entanto, não via vibração naquele rosto, adornado pelo olhar frio e distante. Não sei se o trabalho pesava sobre suas costas, se era o casamento, o que realmente ocorria. Eu via que alguma coisa o estava incomodando também, mas não havia diálogo. Ninguém falava nada. Tudo era escasso e ruim e, assim, a vida seguia. Logo eu, que buscava algo estarrecedor, que fechasse a cortina e dominasse a cena! Aquela atitude, aquela iniciativa! E não um quase, mais ou menos. Aquela pacatez não me prendia mais! Ele não saía daquele homem que conheci anos atrás. Era lento, sem atitude, parecia definhar a cada dia. E quando eu perguntava o que acontecia, ele me respondia que estava tudo bem. Mas não estava, não podia estar. Cheguei a pensar que talvez ele tivesse se desencanado do casamento, tivesse encontrado outro alguém, estivesse realmente em outra sintonia. E não tinha coragem de pedir a separação. Comecei a investigar seu telefone, sua carteira, chegar de surpresa em seu trabalho, tudo que uma mulher desconfiada possa fazer. Mas nada encontrei. Nada. Por rodeios, tentava entrar no assunto, buscando alguma informação e sutilmente cercando para ver se saía dali alguma manifestação, mas sempre estava tudo bem. Cheguei a pensar que estava ficando louca. Será que eu sou o problema? Será que sou louca? Devo estar exigindo demais, querendo tudo, e tudo jamais terei. Minha vida passou a ser essa gangorra de dúvidas e questionamentos, quando eu estava destacada para segurar o vulcão adormecido que a todo instante ameaçava ejetar.

Tinha a sensação de que vivia um faz de conta, uma vida movida pela tensão e destempero diante da falta de diálogo, pela falta de tudo, entre nós dois um abissal silêncio. Depois disso, fomos caminhando para o descaso. Cada um envolvido em seus compromissos, a criança cada dia mais por minha conta, e a conta foi pesando, pesando... Já não havia nenhuma conexão entre nós e eu não suportava mais sentir o cheiro dele. Ao deitar, eu me encolhia do lado da cama para não haver qualquer tipo de encosto. Depois, sutilmente, passei a dormir no quarto de meu filho. Assim fui construindo meu mundo no quarto ao lado.

Devemos apenas ter em mente nós mesmos. Nós e nossas vontades. Nós e nossa essência. Nem filho deve vir antes de nós. Temos de estar bem física e mentalmente para cuidar de filho. Quem é a outra pessoa que está ao nosso lado? O que ela almeja? Quais são seus valores? O que é imprescindível? Ora, vimos nos capítulos anteriores que o que era importante para Marina não era para Marieta. Cada uma valorizava uma coisa dentro da relação. Isso é personalíssimo, e importante saber, porque facilita o entendimento acerca do casamento, tendo ciência da viga mestra daquela relação. Lembrem-se de que o Pepé, garoto da capa, valorizava ter muitas mulheres como estilo de vida, por isso é necessário conhecer o que tem importância para seu parceiro. Ciente do que vai vir pela frente, ou pelo menos uma noção disso, caso não haja mudanças bruscas, fica mais fácil caminhar junto. Torna-se possível pegar a estrada.

Há pessoas que vivem em países diferentes, em locais bem distintos, com educação diversa e se dão bem. Isso porque são sabedoras ou têm, no mínimo, noção do que irão suportar com aquele ser que veio de outro planeta. Mesmo assim terão choques e a fase de adaptação será repleta de desafios e dificuldades. O que difere de crise, de impossibilidade de viver junto, a falta de vontade de achar uma saída, de buscar ajuda.

Lembro-me de que as pessoas, não só naquela época como também hoje, me perguntavam se meu ex-marido me traía, tentando dar uma justificativa ao desfecho da história, um motivo para a separação. E observo que muitos casais se prendem a isso como se o único motivo plausível para tanto fosse a traição quando, na verdade, há tantas coisas mais graves e doloridas do que trair. Trair é pouco, perto da indiferença, da deslealdade, do descaso. Traição é nada perto do silêncio, da falta de vontade de conversar. Trair é apenas uma consequência. O pior é o que precede a ela.

Todavia, há algo além disso tudo: é ver como as pessoas estão presas a um motivo. Qual o motivo? Quem pediu a separação? Por quê? Isso decorre de nossa vaidade. É menos amado o que foi deixado, como se em uma separação alguém deixasse alguém. Como se existisse uma razão específica e não várias. Senões incontáveis e uma paralisia chocante no olhar. E cada interrogação não respondida representa um nó a mais na garganta, um sal a mais no choro, um dedo dentro da ferida.

Por tantos percalços e dificuldades, para não falar das dores que o processo provoca, penso se devemos superar, separar ou continuar fazendo de conta que nada está acontecendo. E aguardar a passagem da tormenta para ver se o tempo amanhece tranquilo. Grande parte dos casais vive assim, aprisionados no nada como uma morte em vida. Sim, uma relação ruim é pior que estar sozinha. Prefira sua liberdade, seu bem-estar àquela morrinha repetida dia após dia, porque sozinha você pode se recompor, refazer sua vida quando pretender. Ouça isso. Terá oportunidade de conhecer uma pessoa legal e continuar a caminhada. Agora, em companhia desse traste, somente adoecerá mais a cada dia. (Separe-se hoje.)

Prisioneira de mim mesma, de meus dogmas, de minhas crenças, de minha educação tradicional mineira, machista, vim superando, superando... Por anos engolindo sapos que ficavam entalados em minha garganta, agonizando o ar, inflamando minhas amígdalas, comprimindo-as. De tanto adoecer, virei cliente cativa do pronto-socorro, onde aparecia no período de três meses com inflamação de garganta, e os médicos insistindo em uma cirurgia. Passei anos tentando reverter algo irreversível. Nos últimos meses, sofria de crises intestinais fortes, e nenhuma bactéria fora encontrada. Nada. Exames perfeitos, nada alterado! Mas eu estava hospitalizada, lá passava um dia fazendo todo tipo de exame e acamada sem conseguir nada fazer. Os médicos me olhavam com interrogação. O que acontece?

Por que tudo começou? Por imaturidade, já que naquele tempo ele tinha o que eu buscava: tranquilidade. Eu tinha apenas 20 anos e me encantei pela amizade dele. Não tínhamos quase nenhuma afinidade, porque ele era uma pessoa de educação rígida, antiga e totalmente sem visão, sem ambição. Ele era católico e nunca se aprofundou na religião. Eu era espírita e já havia estudado todos os aspectos que o Catolicismo não correspondia. Estava me iniciando no Espiritismo e voltada para ciências ocultas. Eu, imatura, sem me conhecer direito, deixei-me levar pela omissão dele, que era confortável naquele momento, porém meu calo não me deixava em paz, vez ou outra doía. Ele idem, acreditamos por algum momento que estávamos apaixonados e fomos alimentando nossas carências recíprocas.

Observem que encontramos pessoas que buscam o mesmo que buscamos, ou seja, procuram em nós o que procuramos, correspondendo mutuamente aos anseios. São energias correspondentes que se unem para aprender juntas, para ficarem unidas enquanto necessário e depois se repulsam porque já não são mais compatíveis. Eu trilhei por um caminho, ele pelo outro. São nossas escolhas inconscientes que nos levam a caminhar por florestas, montanhas e lugares distintos daqueles escolhidos pelo outro.

Às vezes, vivemos uma vida juntos, superando o insuperável, lutando para dar certo com uma pessoa que nada tem a ver com nossa natureza, e a vida não passa disso. E se separado tivesse, poderia ter sido feliz – com outra pessoa, ou sozinho – e permitido o mesmo para seu companheiro, até porque o tempo vai passando e a vida é engolida por horas amarelas, mal finalizadas pelo silêncio do fim. O silêncio quieto que declara a sentença de morte.

Lembre-se de que Carmem demorou 40 anos para pedir a separação. E quando decidiu estava com 58 anos, aposentada, sem muitos anseios, crente de que sua vida tinha acabado, já que viveu para os filhos e todos estavam grandes, criados, seguindo suas vidas. E agora?

A situação foi grave, tão dura que empederni, literalmente. Não havia palavras, conversas ou diálogos. Sofri muito para amadurecer nesse quesito. Creio que vim de uma criação em que tudo fica subentendido ou guardado debaixo do tapete para não criar clima. Tudo era recepcionado como ofensa. Pois bem, eu tinha crises de garganta de tanto sufocamento provocado pelo casamento, precisamente por aquela fórmula de nada existir. Depois, começaram as crises intestinais. Eu amanhecia bem, de repente iniciava uma crise de dores fortes na barriga, diarreia e vômito. De tão forte que eu parava no pronto-socorro, desfalecida. Lá fazia uma bateria de exames e tomava soro. De tão corriqueiro que se tornou o evento, eu me reportava aos funcionários daquele hospital como atendentes do *spa*. Dava entrada no hospital e lá permanecia até findar a noite. E, apesar de aparentemente desgastada e doente, nada fora encontrado em meus exames. Ainda não inventaram aparelhos capazes de detectar ferida na alma.

Se eu continuasse naquele relacionamento, certamente morreria.

Separar-se, decidir-se pelo fim, também é uma prova de amor. Amor-próprio e amor pela pessoa com quem você viveu tantas coisas juntos, mesmo porque consideração, gratidão e amor devem permear nossas relações. Se um dia decidiram se unir, pela livre vontade e foram felizes, não há por que agora desconsiderar tudo que foi vivido por anos e manter o outro em cárcere dominado por suas ameaças morais. Muitas mulheres usam os filhos para cercear o direito de o pai conviver com o rebento. Isso é o maior crime que uma mãe pode cometer. Em que pesem suas "mágoas", suas íntimas (ínfimas) razões, nada jamais deve atravessar a relação de pai e filho. Essa relação não lhe diz respeito. Toda criança tem o direito de conviver com seu pai e o pai com seu filho. Usar o menor em suas tramas é desumano. Portanto, lembre-se de que não há um responsável pela separação. Se ele a traiu é porque sua relação já não existia, porque você talvez não esteja bem consigo mesma, em uma melhor fase, e propiciou terreno para esse tipo de plantação ou porque se casou com um doente. Em todas as possibilidades você tem 50% de participação pois, se não quisesse viver essa relação, não a teria vivido. Não existe vítima! Então assuma a direção e, tranquilamente, com a alma em paz, decida.

E assim, depois de muito sofrer, eu decidi pela separação. Não foi fácil e vou tentar narrar meu sofrimento. Todavia, confesso que foi a melhor saída, para meu crescimento como pessoa, principalmente porque eu jamais iria chegar aonde cheguei se permanecesse naquela relação. Depois disso, pelo todo que acessei após a separação e todas as oportunidades que me ocorreram. Então, creio que vale muito todo luto, e lutar por você é bem mais fácil e prazeroso do que lutar por qualquer outro objetivo. Foi exatamente a hora em que minha vida parou e iniciei uma relação comigo mesma. Pense em um momento crucial que eu comecei: um processo de crises e de ajustes comigo mesma. Às vezes, travamos lutas terríveis com as pessoas que nos cercam, mas nos falta a coragem para enfrentar a mais difícil das batalhas: com nosso "eu" interior.

Decidir-se por se separar merece uma observação. Ninguém decide se separar, a separação vem ao seu encontro, acredite. Ninguém deixa ninguém. A relação acaba para os dois. Na ocasião, meu marido, um ser humano belo, que merecia todo o meu respeito, merecia ser feliz ao lado de uma pessoa compatível com ele, não entendia que, por anos, ele mesmo abriu mão do casamento, desprezando-o, deixando-o em quinto plano em seus dias. Pisou em sua relação quando não se dedicou a ela. E que, de tanta ausência, ela fora embora. Assim, a separação chegou ao nosso encontro. Não havia culpado nem responsável para o desfecho. E iniciou uma crise de inconformismo sofrida. Encasquetou com uma teoria do quem é o culpado por isso, que somente trouxe maior sofrimento. Não devemos apontar o dedo para ninguém. Acabou porque a relação acabou. Nada mais. Assim também é quando dá certo. Não dá para afirmar que determinado casal está junto há tanto tempo por responsabilidade de um deles. A relação é soma, é tecida em uma só trama, com laços, nós e arremates. Se o tecer é conjunto, o destecer também o é.

Eu já não me encaixava naquele quebra-cabeça. As peças tinham formatos bem diferentes. Cada um havia contribuído pela formação do outro, até aquela fase e depois dela, só silêncio, omissão e uma criança de 4 anos, sem falar do ventre de quatro meses. Não havia mais motivos para continuar de mãos dadas, porque as mãos estavam quadradas. E entre nós não havia mais nada, nenhum tendão de ligação capaz de ser restaurado. A impressão que se tem é de que onde tentamos construir uma ponte, ergueu-se um muro. Onde tentamos colocar uma escada, despencou-se o abismo.

Na fase pré-separação eu me questionava muito, culpava-me bastante, o que me adoecia, e se conectar com esse tipo de energia agrava mais a situação, porque ela pode ser menos traumática se você puder aceitar os fatos, primeiramente, e contar com a compreensão dos seus. E eu não tinha noção disso, porque a decisão que já estava em meu íntimo não contava com o apoio de ninguém. E as dúvidas ganharam amplidão e foram além da conta. Eu me questionava:

– Casar-se: para quê? Imposição social ou opção? Por que encontrou o príncipe ou aceitou o sapo que apareceu? Pura pressão? Necessidade, estabilidade financeira e emocional? Medo?

Não sei. Essa era minha angústia e talvez seja a sua. O vulcão estava prestes a ejetar labaredas, já que se cozinhou por anos e anos. A única certeza que tive é de que casamos, tivemos filhos, tivemos uma rotina familiar organizada, até sermos surpreendidos pelas desconexões características de cada um. Nossas diferenças foram ganhando força, foram nos distanciando, distanciando, silenciando, até que a relação foi tomada em absoluto pela preguiça. E lhes digo: jamais deixe de falar tudo o que pensa, tudo o que lhe incomoda, pode ser o olhar dele naquela noite, pode ser uma coisa bizarra, uma bobagem, mas fale tudo. Tudo! Não deixe nada para amanhã. São essas questões que irão fortalecer sua relação, fazendo com que a cada dia você conheça mais seu parceiro, e se conheça a cada vez mais.

Será que em uma relação de cumplicidade e lealdade há espaço para preguiça? Para desconexão?

Assim, a relação não ficou acima de tudo, não possuía mais valor que minha vida. Eu estava adoecendo e tomei a decisão de me separar porque não merecia viver de migalha, do que sobrava, dos últimos minutos restantes da semana. Certamente, se eu insistisse em manter uma relação ruim ficaria ainda mais doente, bem doente, ou teria morrido. E não foi essa opção que fiz, porque não tenho vocação para viver infeliz – apesar de ter vivido bons anos –, e não estou disposta a viver tão pouco, menos ainda a aproveitar de forma negativa a vida. Isso seria desviver e não viver. Todavia, até chegar a essa conclusão e dar o desfecho, há um longo caminho a percorrer e, infelizmente, dolorido. Também por isso resolvi escrever este livro. Por perceber tantos casais infelizes.

A verdade dói, mas alivia. Melhor que viver com essa dor adormecida, submersa. E essa avalanche precisa deixar os porões e ocupar a superfície, para assim poder ser encarada e lavada. A sujeira não pode viver escondida, e quando ganha parte em nossa realidade, ela pode ser encarada. Para isso é necessário falar. Colocar a dor em cima da mesa, do jeito que der. Chorando ou gritando, pausadamente e baixinho, não importa a forma. Importa o ato. E sempre, em qualquer situação, deve-se falar.

Os japoneses têm uma técnica de cura chamada reiki. Somente depois de um anos fazendo reiki foi que consegui falar sobre o assunto. Não conseguia falar, parecia que havia um sapo entupindo minha garganta. Eu estava muito mal.

Eu não falei, apesar de ter tentado. Por não ter insistido, sofri muito. Nunca havia ido a uma psicóloga e iniciei uma terapia sozinha e escondida dele, o que já foi uma evolução. Lembro-me de que a terapeuta, em mim, fitava os olhos, sem respostas, porque a veemência com a qual eu abordava o tema era chocante, minha decisão, predominante. Não tinha volta, não havia saída. Ela até tentou me tirar da cabeça a separação e me orientou que uma terapia de casal poderia resolver, mas não conseguiu.

Aquela relação rasgava minha carne, arrancava minha alegria de viver, sugando meu brilho, silenciando meu olhar, tapando minha boca, que vivia sufocada. Passei a odiar a casa, a forma, a dinâmica, o supermercado, a festa em família, domingo, então, era intolerável. Não suportava mais o jeito engessado dele de ser. Enquanto eu, com um simples boa noite, por favor..., resolvia minhas questões corriqueiras, ele vinha cheio de protocolos e vivia absorto em seus métodos rigorosos de viver na extrema organização. Pedi a separação. Eu passei a me respeitar a partir daquele momento.

Resta saber qual sofrimento é menos dolorido: o de continuar com uma relação ruim ou colocar um fim nela? Descobri o quanto é difícil tomar a decisão de ir.

Percebi que meu sofrimento era também o de muitas mulheres, em todas as classes sociais. Experimentávamos o gosto amargo da tolerância, sem aproveitar a vida. Quando você passa a tolerar aquela pessoa, aquela situação, aquele momento, é porque desandou. Uma coisa é ter compaixão e aceitar, conduzir, amar, mesmo com todos os absurdos defeitos. Outra é tolerar. Relação com base na tolerância não é uma relação, é uma fraqueza. E está com seus dias contados. Além de compaixão, aceitação, deve haver cumplicidade, conexão, sexo!

Aquela conexão que você tem pelo olhar, pelos sentidos, pelo riso, pela comunicação a distância, pelo toque de pele, pela fantasia, cumplicidade, enfim... Posso escrever até cansar que não saberei expressar, mas você sabe do que estou falando, e esse vínculo não pode se romper. Química, admiração, fascínio, paixão, amor, compaixão e afins! Não havia mais entre nós dois. E se nada disso existe é porque acabou. Se o sexo não tem aquele gosto de fruto maduro na hora da colheita, é porque não dá mais. E qual o problema disso? Nenhum. É como se você vivesse um período dentro de um casulo e, de repente, fosse surpreendida pela metamorfose. Em um belo dia, você acordou borboleta, sem se dar conta. E não há como retroceder. Essa é a libertação. Você dona de si.

Separar. A decisão mais difícil. Como vou tomar a atitude de desfazer o ninho que construí com tanto amor? Mas onde anda esse amor? Em minha relação com meu filho, com a estrutura, apenas. Dói muito. Mesmo ciente de que é a melhor saída, dói. Além disso, há um drama por trás da separação, um sofrimento além da conta, além da realidade. A vida a dois está um caos, dando choque, mas não se pode falar em separação. São tabus que a sociedade nos empurra goela abaixo, camuflados por trás de uma assertiva: até que a morte os separe. Pronto! É isso então. Tudo já havia morrido: a atração, o sonho, o companheirismo. Morrera tudo que antes era vivo. Assim, essa morte metafórica também separa, segrega, isola.

Lembro-me de que as primeiras vezes que abordei o tema, fui considerada uma louca que precisava ocupar minha cabeça, porque estava sem o que pensar. E que não passava de uma crise hormonal que logo passaria. Ou seja, não fui levada a sério.

Mas, a cada dia, eu via que minha relação não passava de uma tarde quente, de um domingo bege calmo, vingativo, sem assunto, sem vida, sem planos. O que piorava quando eu via os tijolos do castelo caindo. E era preciso derrubar o castelo e construir outro. Aquele estava deteriorado, sem alicerce, sem adorno, sem graça, e ameaçava desmoronar a cada instante. Não servia mais para acomodar a fantasia, a realidade, as perspectivas!

A separação não é uma escolha. É uma necessidade. A separação é uma assombração que chega de mansinho, e ganha cara de bruxa a cada instante que é alimentada pelo lado negativo. A sociedade ainda se chacoalha quando um casal anuncia sua separação, como se fosse algo de outro mundo, estarrecedor! Como se fosse o início do ódio, da guerra, e não deveria ser. Já estamos em uma era mais real que viver às sombras da mentira. E o casal? Deveria mudar a postura, deixar a civilidade tomar lugar aos destemperos emocionais, ser mais amigo agora e se organizar, afinal, eles viveram tantos momentos juntos, tiveram filhos, construíram suas vidas um do lado do outro, lutaram por tudo aquilo construído, logo, deveriam um acolher o outro para que tudo corresse com menos sofrimento possível. Sei que é difícil, e são poucos os casais que conseguem esse feito, mas é imprescindível que haja respeito mútuo, em nome de tudo o que foi vivido.

De início, é bom saber que, quando estamos diante da frustração, do fosso frio, por mais difícil que pareça, é necessário tomar uma decisão. É doída, mas é necessária. Daí aparece o medo da mudança! Tudo está tão bem acomodado na casa, os filhos, a rotina, a família, que é difícil até pensarmos no assunto. Lembro-me de que, quando eu fiz 30 anos, eu senti um baque muito grande. Parecia que morria a menina, para assumir postura de mulher. Foi quando tomei consciência de que a vida estava passando e eu ficando estacionada no mesmo lugar, vivendo um casamento pobre, sem nada que me brilhassem os olhos. Sem que nada me emocionasse. Eu estava sobrevivendo.

Naquele momento, a separação criou semente dentro de mim. Eu sabia que meu casamento estava com os dias, ou melhor, meses contados. Demorei mais dois anos para dar um fim, trágico, na história, considerando que me separei grávida de quatro meses. Mas foi o jeito que eu soube fazer. Detalhes estarão no decorrer da leitura. Foi muito difícil, mas confesso que não só eu, mas várias pessoas que contam suas histórias aqui, renasceram, após a separação.

Retornando ao assunto, quando estamos vivendo um casamento ruim, sentimos aquele incômodo perene no decorrer da relação. Costumamos pensar que isso é um mero detalhe, uma crise diante de toda organização familiar que temos. Eu me lembro de que tinha pânico de fins de semana, porque era o tempo em que mais ficávamos juntos e calados, juntos e totalmente separados. Ficar em casa com ele me incomodava muito, porque eu era prática e muito à vontade, e ele muito organizado. Enquanto eu não sabia o que vinha na minha fatura de cartão de crédito, ele já tinha relacionado todos os seus canhotos num caderno e esperava só a fatura confirmar pelos correios. Acredita? Pois era bem assim. Não raras as vezes, varava a madrugada relacionando suas compras. Dois opostos. Enquanto isso eu dormia e sonhava com algo mais palpável, verdadeiro, meu.

A vida rotineira me agredia. Ela poderia permanecer no seu lugar, aparentemente bem arrumada, ajustada, mas dentro de mim havia uma desarrumação em absoluto! Ela não me cabia. Urravam trovões e trovoadas, justificativas recheadas daquele monte de acusação infinda que parecia nascer de um vulcão feroz. Ou de um vestido de noiva brilhando em pedraria! Eu me culpava por não fazer parte daquele contexto chamado casamento. Aquela casa não me cabia, o que eu recebia ali era frio e muito pouco. Queria ir embora. E fui. E a primeira porta que abri foi a da coragem. Sabia que várias outras portas precisariam ser abertas, mas abrindo a primeira, tomando a coragem de seguir em frente, eu sabia que as chaves certas apareceriam.

E apareceram.

Não é hora de pensar em porquês. A resposta vem com o tempo. Agora é a hora dos ajustes, da busca, da elucidação. Vamos superar ou separar? Não sabemos! A decisão é sua! Só sua. Esteja vigilante! Caso você se acomode nessa condição, saiba que o tempo é cruel e daqui a pouco estará com 60 anos! E você não viveu. Não viajou, não conheceu pessoas interessantes nem provou os morangos doces da vida. Assim foi a vida de Carmem e João. Eu superei por anos e me separei depois, assim como várias histórias a auxiliarão na busca.

Se eu estava preparada? Lógico que não. Ninguém está. É difícil a pessoa se preparar para isso, exceto algumas que possuem autoconhecimento apurado, bem estabilizadas emocionalmente, mas, mesmo gozando de estabilidade emocional, não há como fugir ao sofrimento. Não tem jeito. Toda separação é doída.

Eu me lembro de que, em um sábado, eu saí à procura de uma escola de natação para meu filho que tinha 5 anos na época, e fui a pé, caminhando pelo bairro, quando me peguei aos prantos, caminhando a esmo. Desfalecida, sentei-me na calçada porque havia perdido forças nas pernas. Nesse dia, minha dor era física, de tanto sofrimento emocional.

Quando a dor batia assim, eu me perguntava se queria a presença dele em casa de novo. Como eu iria conviver com o cheiro que já não aguentava mais sentir? Imagine a agonia de uma pessoa que, depois de trabalhar longas horas por dia, se deitava em um espaço pequeno da cama para evitar todo e qualquer contato físico. Havia uma repulsa.

Como conviver com um homem diante dessa situação? Em todo processo há dúvida, eu sei. Sua dúvida não é só sua. É nossa... Mas, em um ponto, devemos nos manter aliados: investigar a situação, entender o motivo da vida a dois, das benesses e das rusgas, de todo benefício e prejuízo, e encontrar o melhor caminho. Entender esse contexto é o primeiro passo e depois tomar a decisão. Sua vida depende dela. O que você não deve é fazer de conta que é feliz, ou ter alguns momentos de felicidade. Isso não é vida. Por isso digo que mascarar, jamais! A maioria dos casais vive uma mentira. Uma relação fincada na base móvel da desconfiança, da deslealdade, do esconderijo guardado no fim da estrada. Há pessoas que aderem a essa mentira e a adotam como forma de sua verdade. Como forma de vida. Até aí, tudo bem. Mas quando falo da mentira, é a mentira que grita aqui dentro, que agride, que abusa da dignidade. Uma coisa é você ser casada com uma pessoa que gosta de extravagâncias sexuais e ter ciência disso, por conseguinte, aceitar as condições. Outra é você ser enganada. Pensar que vive uma coisa e vive outra. Mas há pessoas que vão se adequando a essa trama e entram nela como o caminho mais fácil diante da situação.

Trago uma história aqui, neste livro, dentre as várias que narro, de uma mulher que descobriu a traição do marido (que além de trair era mau-caráter), e que cansada de pelejar com essa situação que ela nunca aceitou, não vislumbrando uma cura, decidiu se ajeitar da mesma forma, aceitando a situação dele e arrumando um amante dez anos mais novo. Assim, ela conseguiu resolver, de imediato, sua angústia, por meio da vingança e da falta de sexo. E até hoje vive casada, porém não vive tão angustiada, porque paga na mesma moeda e continua com sua vida de princesa.

Se essa foi a decisão mais acertada, não podemos julgar. Devemos apenas compreender que para cada dor há um lenitivo, enquanto não chega o remédio. E se acionar o dispositivo de alerta e conseguir sobreviver, enquanto se aguarda a força para decisões, está bom. Por um bom tempo, até onde acompanhei, ela estava apaixonada pelo amante, curtindo suas belas tardes de paixão e sexo, e aproveitando o luxo favorecido pelo marido que trocava seu carro todo ano; viajava quatro vezes por ano para o exterior.

Mas quem disse que paixão e sexo satisfazem ou realizam uma pessoa? Chamo sua atenção para as diferenças entre paixão, amor, família. Claro que está equidistante de tudo, mas nesse caso foi a forma que ela encontrou de aliviar a dor. Se ela vai aguentar por muito tempo, não sei. Na verdade não creio em paixão nem paz nesse caso. Vejo apenas a ardente dose da vingança nua!

Foi o melhor caminho? Não sei. Mas foi o que ela escolheu. E você? Será a melhor opção viver sua angústia? Sua vida ao seu modo?

Mascarar é o pior estado adotado, em todos os aspectos. Você faz de conta que está curtindo aquela música, aquela voz, as características dele, a comida dela, o papo regado a cerveja, que o cheiro da pele dele é cativante e sensual, que adora os adereços... Você faz de conta que tudo está leve e aparentemente tranquilo, mas... não está suportando aquela mentira! Aquela loucura! Você cria subsídios para se justificar, para permanecer naquela relação, e isso é muito comum quando a pessoa não tem consciência de quem é, do valor próprio. Daí se submete a determinadas situações.

Mas chega uma hora em que não aguenta mais! E você vira a mesa.

A gargalhada virou um riso amarelo, forçado, o olhar brilhante escureceu, a cara pálida assumiu a feição! O corte moderno virou um cabelo sem finalização e o coração dolorido vive apertado sem ânimo. Acabou a taquicardia. Aquele entusiasmo de fazer as coisas juntos, desde um jantar até uma viagem. De caminhar pelo parque a deitar e perder o sono! Tudo vira rejeição. E ainda há uma situação insuportável: participar dos eventos familiares. Isso é angustiante! Oh, programa intolerável! Se você estiver com esses sintomas, ligue seu sinal de alerta. Ligue para sua psicóloga. E se não tiver uma, arrume, urgentemente. E tome floral! Bastante floral ou um *bup*, remédio poderoso esse!

Nunca tinha passado por uma psicóloga, até meus 31 anos. Quando iniciei a internalização da separação, fui aconselhada a procurar uma. Mas achava que não precisava disso. Enfim, fui. Ao iniciar minha consulta, um tanto constrangedora, expressei sobre o plano de minha vontade de separar. Mas a profissional tentava me conter, bem como tinha esperança de que eu tomasse outra medida ou esperasse um pouco.

Lembro-me de que a fala dela foi a seguinte: "Como você vai acabar com seu casamento por se sentir prisioneira dele? Isso é muito pouco, você tem filho...". Lembrei-me de uma pergunta de Nietzsche: "O que te aprisiona?" Nunca mais voltei ao consultório. Depois disso, tive de me submeter à terapia com reiki, durante um ano, para conseguir falar porque travei, aliás, eu não falava sobre o assunto mesmo. Esse período foi o mais traumático de toda minha vida. Vivia presa, parecia que tinha engolido ar. Havia um bolo parado na minha garganta. Durante a aplicação de reiki, tinha crises descontroladas de choro e, gradativamente, comecei a falar sobre minhas dores, o que me violentava naquela relação. Depois de um ano retomei a terapia e consegui iniciar a segunda etapa do meu processo de autoconhecimento.

Percebo que as pessoas têm muita resistência em fazer terapia. Muitas se defendem alegando que se trata de tratamento para quem precisa, quem não está com a cabeça boa, mas se esquecem de si e evitam por não suportar saber de si mesmas, de quem são. Por isso rejeitam. Nós sempre culpamos o outro, transferimos ao outro a responsabilidade de nossas frustrações, mas somos nós os responsáveis. Nossa vida é fruto de nossas atitudes e, dependendo delas, é que vem o desfecho. Não é meu ex-marido culpado por nada. Eu que o escolhi para casar e ser o pai de meus filhos, então cabe a mim a responsabilidade.

Por isso eu digo: seja amiga de você mesma, procure ajuda, desabafe, coloque para fora sua insatisfação e exponha tudo que entende como sendo errado. Pode ser uma bobagem, mas você precisa falar e resolver para não sucumbir! Todas as vezes em que sucumbimos às situações deploráveis e relações doentias que não queremos, matamos um tanto de nós.

Sua maior amiga é você mesma. Não há outro jeito. Ficar quieta com você é um exercício necessário. A partir disso, a visão clareia. E buscar ajuda de um profissional é fundamental nesse momento, inclusive de terapia em grupos que, na maioria, é gratuita e tem ajudado muito a população. Há vários apoios nesse sentido.

Certo é que ninguém consegue mascarar uma relação por muito tempo, isso é fato. Assim como ninguém consegue manter uma relação paralela ao casamento por muito tempo. Exceto se tiver uma válvula de escape. Sobre essa fuga deliciosa, narramos um relato sobre o amante, essa é uma história real, ardente, daquela que, em vez de se separar, arrumou um amante, porém amante, família e amor são coisas bem distantes. Resta saber o que você quer para si.

O problema é que existe uma linha tênue entre mascarar ou entrar no processo de separação, no que tange à nossa própria descoberta, à resposta que você precisa de si mesmo. Por que sinto esse mal-estar? Por que não sou feliz com quem eu era antes? Nunca fui feliz e me enganei? Ou apenas fui feliz naquela época porque estava vivendo uma situação que me conduziu a esse casamento? Eu vivi esse drama com todas as fases, desde o encantamento até descobrir que aquela relação não tinha nada de mim. Ela apenas me sugava, retirava a vivacidade de minha cútis e me entristecia a cada dia.

Muitas vezes nos perguntamos: por que estamos nos separando, se vivemos a mesma vida boa, que nos satisfazia? Será? Mas eu posso e devo evoluir. Partindo dessa premissa, meu companheiro pode ter seguido outro rumo.

Já ouvi tanto esses comandos, que na verdade são folclores: "Tínhamos menos, mas vivíamos mais felizes... éramos mais simples, mas curtíamos nossos pedaços de pano... éramos mais sofisticados, éramos felizes, mudamos nossa condição financeira/social e nossa vida virou um tédio". E agora, tudo parece ser como uma tarde bege de domingo! Não é condição social ou financeira que acaba com casamento. O que acaba são os rumos que cada um toma. Você não se casa com o dinheiro nem com a profissão dele. Você se casa com ele. Então é preciso se livrar desses mitos, dessas justificativas folclóricas que, porque enriqueceu, trouxe a ruína. Que, porque perdeu tudo, a mulher o deixou. Não há correlação. A mulher já não o amava, e diante da gravidade da situação pediu a separação.

Até para que a separação fique clara em nossa mente é necessário limpar nosso íntimo de toda perturbação desse tipo. Uma relação coesa, firme, real está imune a tudo. Falir, adoecer, enriquecer... estarão juntos lado a lado, um ajudando o outro. Se não existe relação e sim interesse, vaidade, qualquer ventania servirá para desestabilizar a casa. Então, sinta-se em paz para livrar-se de toda autoacusação, considerando que a vida é um aprendizado e, quando decidiu casar, é porque estava crente de que era aquele para todo o sempre, mas não foi. E qual o problema? Estamos aqui para aprender, para ir e voltar, para enganar e desenganar. Ninguém tem culpa disso, é tudo um aprendizado. O que não se pode é fugir dele e vendar os olhos.

Mesmo que você não queira, paira a sensação de relação mascarada, quando ela dá fortes sinais de desgastes e rompimento (intolerância total um com o outro). Daí você precisa deixar o tempo correr e ver se as coisas vão se ajustar, mesmo quando está passando pelo pior e mais dolorido momento que varia entre razão e emoção, com altos picos de alternância! Essa fase é muito delicada.

Mas cuidado!!! Não deixe passar muito, porque daqui a pouco você passou! Nem foi feliz com aquela pessoa nem se deu chance de ser com outra! A vida é curta, é veloz! Daqui a pouco, você estará com 50, 60! E aí? Não que você precise de um companheiro para ser feliz. Você não precisa de ninguém para isso. Você somente pretende ser mais feliz ao compartilhar sua vida com alguém, se isso for de seus planos. Mas é bom ter alguém para dançar, sair, jantar, viajar, brincar! Conheci dona Jana aos 70 anos. Era avó de um amigo de minha filha. Todos os dias ela buscava seu netinho na escola, até que, um dia, senti sua falta. Tinha ficado viúva. Pensei comigo, agora a tristeza vai reinar e nunca mais contarei com o olhar saudoso de dona Jana. Engano meu. Três anos se passaram e ela se casou com sr. João, que conheceu em um baile da Melhor Idade.

Ao relatar a surpresa, ela me confessou que começou a viver agora. Seus olhos estavam vivos, brilhantes, felizes! Aprendeu a dançar, o que nunca tinha feito enquanto casada, que estava sem tempo de se dedicar aos netos porque tinha programação todos os dias, como sair para jantar, ir ao teatro, viajar com o namorado, fazer aulas de dança, enfim, estava vivendo um real encantamento pela vida. O que nunca viveu enquanto casada. Por quê?

Quando fiz essa pergunta, ela me respondeu que as mulheres de antigamente eram muito medrosas e acomodadas e não tinham coragem de se desfazer da família. Não tinham coragem de se separar e preferiam viver mal, infelizes, a ir em busca de si mesmas. E eu imediatamente respondi: "As mulheres de hoje também padecem desse medo e dele se alimentam. Não se separam e não colocam fim nas relações nocivas por medos diversos". Ela só não sabia disso.

Quando falo que precisamos ficar sozinhos para entender esse processo é porque esse é o melhor termômetro. Preste atenção nessa diferença! Você somente estará pronto para gozar da felicidade a dois quando aprende a ser feliz vivendo consigo mesmo! Esse é o maior desafio da vida, porque a grande maioria das pessoas tem pânico de ficar sozinha! Saem de um relacionamento hoje com outro engatado. Só terminam um com o outro garantido. Isso é muito comum. E há esse medo, porque não sabem o que é isso. É o medo do desconhecido. É o medo de ficarem em companhia do ser desconhecido: você mesmo.

A grande maioria das pessoas não se conhece. Não se curte, não teve oportunidade de saber quem realmente é. Tem medo de si mesma. Se fica sozinha, não fica em paz, tranquila, feliz. Precisa sempre de alguém por perto. Por quê?

Conhecer-se é uma conquista preciosa. Ter tempo para ouvir sua música favorita, cozinhar para si mesmo, degustar seu vinho, assistir a um filme, ler seu livro, correr na praia, assistir a palestras, sair com os amigos, visitar sua família e muito mais! Tudo isso que envolve seu ser em sua essência. Dê de presente para ele e para si, pois é gratificante.

Outra coisa, estar pronto para viver a dois não quer dizer que seu namorado é o homem ideal para casar, nem que seu marido é o homem para você viver para sempre... Para sempre não existe. Isso é ficção! Ou cartilha passada de sua tia Naná, aquela que se submete a qualquer situação, porque crê que merece migalhas, que necessita de um marido para cumprir protocolo, que se submete a qualquer relação para não ficar só. Então, sempre cabe conversar sobre a situação, sobre fatos, sobre as inquietudes que espremem a alma, e dar leveza ao seu processo de autoconhecimento, ajudando seu parceiro a buscar o seu.

Retornando ao fato, ao casamento ou ao seu declínio, nunca se sabe se você está mascarando ou tentando organizar as coisas por meio do perdão ou mesmo do entendimento/aceitação. Entre a separação e a tomada de decisão há, comumente, um longo período, porque antes de a vontade da separação se manifestar, ela nasce dentro de você e toma corpo, vindo em seguida para sua face consciente. O certo é que nunca se sabe onde começa a crise e onde se inicia sua superação ou separação. Mas há algumas nuances bem sutis que lhe fazem pensar sobre superar a crise ou sobre a vontade de se separar mesmo. Observe se ainda há admiração, cuidado, zelo, vontade de ficar perto, de curtir aquela pele, aquele olhar... de compartilhar daquele sorriso... Se ainda existe, no fundo de seu coração puro, esse sentimento, aquela conexão, é porque há muito o que conquistar e muito o que tentar viver. Mesmo com todas intempéries, quando o casal tem uma base firme, construída com amor, não há lugar para ventilar a tormenta da separação. Tudo é resolvido, mesmo se demandar tempo.

Quando a situação se torna insuportável e não há nada, senão rejeição entre o casal, é porque está na hora de descer do barco e buscar outro caminho, outra viagem. Talvez ir ao encontro de si mesmo para poder ajustar algumas coisas que estão fora do lugar, fora da engrenagem.

Esse é o caminho. Devemos nos atentar sempre que o sinal vermelho da repulsa acender! E por que estou me sentindo assim? E por que esse incômodo? É porque não compensa jogar fora a viscosidade da vida pelo amargor do fel! Não posso parar e ver minha vida passar e ser levada por esse casamento ruim. Estamos aqui em busca de relações saudáveis, seja em extra ou meramente familiar! Relações divertidas e leves que nos fazem rir.

Descobrir o problema é o primeiro passo. Como descobrir? Sintomas recorrentes de intolerância são os primeiros, mas eles podem sinalizar uma necessidade de mudança e amadurecimento. Ou podem mostrar que a relação está em declínio e, se assim for, pode-se alterar o rumo, fazer o contrário. Faça o contrário de tudo. Já tentou? É uma experiência muito gratificante sair da rotina, fazer as coisas ao contrário quando não estão dando certo da forma que estão.

Eu sempre gostei de maquiagem, em especial do delineador. Decorar meu olho com aquele risco preto, realçando meus traços, me dava ar de soberania, força, era o máximo. Mas desde meus 15 anos tento fazer um risco perfeito e até que consegui, algumas pouquíssimas vezes nesse longo período, e sempre com muita dificuldade. Em uma determinada parte, o risco pequenino ganhava feição de quilômetros de tão difícil que era. Parecia uma distância longa que demandava muita energia e paciência. Por isso suspendi o uso por longo tempo e me desfiz de todos os meus, extirpando-os de minha vida. Só que depois de 20 anos eu ganhei um e confesso que levei um choque quando recebi o presente, porque amava o tal cosmético, porém havia me esquecido dele, por não ter perícia para usá-lo. Por quê? Porque nós temos como defesa nos afastar de tudo que nos incomoda, em vez de enfrentar. Guardar no porão o que não queremos enfrentar, aquilo em que não queremos mexer, fica lá guardado no quinto subsolo de nossa consciência até ganhar a gaveta do subconsciente! Aí essas questões não digeridas ficam endurecendo, machucando, entristecendo, incomodando, virando pedras dentro de nós, ganhando força e manifestando-se como complexo de inferioridade, ciúmes, obsessão, crítica e tudo o que é sentimento e manifestação nociva.

Enfim, ganhei o delineador e demorei seis meses para pegar nele. Ao buscar a maquiagem, via-o ali olhando para mim, incomodando-me, mas desprezava-o, até que usei a primeira e a segunda vez, e fui, mesmo com o risco meio torto. Não tem muito tempo, eu usei o delineador ao contrário. Comecei do fim do olho para o início, e deu certo. Às vezes precisamos mudar drasticamente a forma de fazer as coisas, a maneira de pensar e agir para alcançar nosso objetivo. Para ser feliz. Apenas isso, algo bem simples de ocorrer. Se você passar a agir de modo diferente, em vez de se calar, falar, pontuar, em vez de provocar, ser limpa e conversar com carinho, o casamento pode tomar outro rumo. Ou ter atitudes inversas. Mas é preciso querer, pensar certo e agir.

Há vontade de colocar as coisas em seu devido lugar? Realinhar tudo ou derrubar? Administrar o casamento não existe, porque estará administrando uma crise eterna que não passará. O mal de parar sua vida, restringindo-a a esperar a crise passar, é que talvez ela estacione e permaneça consumindo nossa melhor fase.

Se depois de todo esse processo, depois de toda conversa, depois de todo cansaço não houver sinais de recuperação, ou melhor, leveza e paciência na relação, é porque não tem jeito. Acabou mesmo. Quem ama quer salvar o relacionamento e para isso há várias terapias de apoio, o que difere de insistir nele com as mesmas atitudes. Quem não ama mais, quer ir embora. Não quer recuperar nada. Não tem a mínima condição emocional de encarar uma conversa, porque sabe que nada será diferente. É fato. Quem ainda acredita na relação, tenta um tratamento. Observe: procura um tratamento. Não vive mal.

O erro está em achar que viver mal é o normal. Daí o casamento vira um rio de pedras e obstáculos, uma luta de provocações e distorções, como se viver às turras fosse o certo, a regra da vida.

Certa vez, chegou ao meu escritório uma mulher casada há uns sete anos, que queria saber todos os seus direitos, caso o desfecho fosse a separação. No decorrer da conversa, observei que mínimos detalhes a levavam à objeção ao relacionamento. Ela vivia no interior do Paraná, cidade bem pequena, e era bancária. Sempre teve sua rotina na pacatez daquele lugar, com seu horário de almoço e sua programação sem alterações. Tinha seu próprio salário e era dona de sua vida. Casou-se já com seus 35 anos, o que, para aquela época, já era bem tarde, com um empresário de lá que vivia em São Paulo havia muitos anos e não tinham um namoro rotineiro, somente nos fins de semana. Era um homem muito rico que logo lhe pediu que abrisse mão de sua carreira, pedindo demissão, e vivesse para a casa, em São Paulo. Assim ela se mudou para um luxuoso apartamento com duas empregadas e uma babá. Sua rotina era levar a filha na escola e buscar. Salão, supermercado. Ela entrou em depressão e quis se separar, porque sua vida não tinha sentido.

Enquanto várias mulheres buscam essa segurança financeira, o conforto sem esforço, Angélica caiu em depressão. Além disso, a personalidade de seu marido era muito forte. Sistemático e metódico, era um homem rígido, que exigia dela pontualidade com horários, perfeição nas questões que envolviam a casa e a menina, e toda aquela pressão foi pesando sobre suas costas. Ela se sentia escravizada pela relação.

Reclamava que até as viagens que fazia em família viraram um castigo, porque o marido deixava tudo para ela resolver, inclusive sua mala, e nunca alcançava a perfeição que ele reclamara. Nunca se mostrava satisfeito. Ou seja, a exigência era sobrenatural, o que desgastou a relação.

Quando percebi que se tratava de um desgaste, orientei-a a buscar ajuda com uma psicóloga, porque bastava as partes se ajeitarem, cedendo um pouco, compreendendo o outro, sem muita rigidez, que a ventania iria, decerto, se acalmar. Angélica passou a fazer cursos de artes, trabalhos voluntários e passou a se sentir mais útil! O casal foi para terapia e não se separou. Essa é a prova de que quando há amor, há aquela união além de tudo, é porque tem jeito. Quando você estiver certa de que não quer conviver com aquela personalidade, separe-se hoje. Mas se procura ajuda é porque ainda tem jeito. E eu já observava esse casal em outras situações e já havia percebido a distância um do outro. E pensei, em minha individualidade, que não daria certo, nem com terapia, porque eram bem diferentes um do outro. E estava enganada.

Lembro-me de que quando eu pedi a separação, e que ele viu que era de verdade – é que das outras vezes havia deboche sobre minha pretensão desacreditada de ser verdadeira –, discursou que melhor seria nos submetermos à terapia. Como terapia? Eu não aguentava mais nem sentir a presença dele em casa. Tratar o quê? Minha repugnância? Tive vontade de morrer quando ouvi isso. Fiquei imaginando nós dois sentados com uma psicóloga olhando para minha cara de ódio e destempero, para eu falar que não suportava mais a forma que ele encarava a vida, que agia diante do filho, diante do sexo, de seu trabalho e tudo mais. Simplesmente não havia emoção, não havia condição de prosperar.

Mas há outro quesito que creio ser o mais difícil: personalidade. E esse foi crucial em meu processo. Mesmo após toda conversa e todo processo de realinho do casal, se a personalidade não permitir a união, a relação não vai para a frente. Nesse quesito ninguém mexe, nem a mais potente terapia e, muitas vezes, casamos com uma pessoa crente de que a conhecemos, todavia casamos e depois já não somos os mesmos. Antes era uma, por um certo período, depois se transformou em outra, porque somos um em determinado tempo e depois nos conectamos com outros conhecimentos e evoluímos, melhoramos, nos ajustamos! Logo, nos transformamos, e somos realmente outra pessoa. Frase muito comum entre os casais: ela era uma quando nos casamos e agora é outra!!! Dramático. Lógico que era mesmo, já se passaram tantos anos e você não reagiu, não evoluiu. Parou no tempo, não cresceu, não amadureceu, não fez nada. Por isso perdeu o lugar.

Não existe perder o lugar! As pessoas têm mania de procurar sempre um culpado para tudo nessa vida! Cegueira da alma. Não existe um culpado, há somente uma relação que se acabou tanto para um como para o outro. Logo, para os dois lados há o ônus e o bônus. Nenhuma relação acaba só de um lado, e isso já foi abordado anteriormente nesse relato. No entanto, em virtude do peso desse fator, dentro de um processo de separação, volta e meia ele emerge em meio ao relato.

Conhecermos alguém a fundo é, na verdade, uma afirmativa quase fantasiosa, porque possivelmente nem a pessoa se conhece a ponto de ter consciência do que lhe ocorrera. Se realmente reage assim por uma dor guardada no porão, é puro descontrole (decorrente este de alguma ocorrência). Somos seres em constante evolução, mudança, construção. E, por isso mesmo, o processo de conhecimento de si e do outro precisa ser contínuo. "Orai e vigiai para não cairdes em tentação." O comando bíblico quer nos dizer que, se você não se mantiver vigilante, buscando sempre melhorar naquele aspecto que mais lhe tira do sério, você não irá prosperar, certamente cairá em tentação. Qual tentação? Tentação da briga, da discórdia, das constantes lutas e intrigas que temos com os nossos. Por isso temos de nos investigar, ficar a sós para olhar para nós mesmos, buscar realmente quem somos na essência profunda. "Conhece a ti mesmo e conhecerás os deuses e o universo" (Sócrates). Quando sabemos quem somos, nossas verdadeiras angústias e dores, iremos entender por que reagimos daquela forma, por que naquele momento nos relacionamos com determinada pessoa, por que meu filho me trata assim, meu marido me cuida, etc. Se está difícil observar pelo lado das situações que nos trazem sofrimento, procure observar pelo lado bom. Relacione os momentos que mais gosta de passar, por exemplo, domingo com meu filho, ir a um determinado parque, ou ficar em casa cuidando dela. Comece a se observar silenciosa e calmamente.

Quando me separei, deparei-me comigo sozinha em São Paulo. Para uma caipira, nascente dos recônditos do norte de Minas, isso era assustador. E a maior dificuldade que tive foi de ficar sozinha nos finais de semana em que meu filho estaria em visita ao pai. Isso era perturbador. Eu procurava vários compromissos para não ficar sozinha. Por quê? Porque eu nunca tinha ficado comigo a sós. Eu não me conhecia e estava difícil aquele entendimento, principalmente por conta das várias questões que começaram a virar monstros dentro de mim. Mas foi a época em que fui encarando minhas neuras e retirando a crosta, a casca que se formara das feridas, arrancando-as bem devagar e continuamente para não sangrar de novo. Foram meses doídos, porque muita coisa ainda não havia cicatrizado, e posso dizer que passei anos para concluir esse processo.

Descobri que estava curada quando passei a amar meus dias só comigo, sem ninguém à volta. Faça o teste e se observe. Assim tudo será mais fácil de aferir, entender, aceitar, compreender e ser feliz.

Não podemos nos enganar quando dizemos que conhecemos alguém a fundo, porque não o conhecemos, mesmo porque essa pessoa talvez nem se conheça direito. É como se você, aos 40 anos, apresentasse reações capazes de surpreender a si mesmo. É comum nos assustarmos com algumas de nossas atitudes. Às vezes, reagimos de uma forma e estranhamos nossos próprios destemperos, ou nosso nobre silêncio. É normal. Uns mudam, outros acessam conexões bem diferentes das que estavam ao seu alcance, transformando-se. Há quem goste de estagnar deitado sobre o comodismo e a vida segue. E talvez essa seja a grande beleza do ser humano. Ninguém está pronto e acabado. Nosso barro continua a ser modelado, dia após dia.

Uma das causas que pude perceber durante meu estudo se refere à divergência instalada na relação quando a mulher alcança melhor condição financeira e profissional que o homem. É algo que a sociedade machista incutiu na mente masculina que causa extrema insegurança. Daí há a necessidade de diálogo e entendimento, mesmo porque, quando se ama, o diálogo e o entendimento vêm por si sós. Não precisa fazer força. Há um entendimento conectado entre o casal, mais ou menos assim: discordo de tudo isso, mas se você pensa que é assim, eu aceito seu engano, amo seu erro, sua loucura, e estou com você nesse barco. Essa conexão que mantém o casal. E ela é natural, ou seja, nada há em você que me agride. Então, caminharemos juntos.

Quando não existe mais nada, nada é feito, porque nada está para ser feito. Um não conhece o outro, não conhece a si mesmo nem tem como haver ajuste. Há uma preguiça que permeia a relação. Há um descaso que ocupa todo o espaço.

O casamento saudável é um ajuste tácito diante do conflito, que não precisa ser dito. Ele fica escrito no silêncio das entrelinhas. Um sempre cede, vem o outro sem saber como, e cede. Daí, o entendimento flui, naturalmente. Não precisa de estudo, nem terapia, nem nada. Como me disse dona Sandra, de Salvador, "eu fui criada por meus avós, que foram meus pais, e na minha casa não havia quase nada, mas tinha uma coisa tão boa, tão tranquila no ar, era tudo tão pobre mas tão aconchegante... Lembro-me de que as panelas eram pequenas, havia pouca comida, mas tinha um colo enorme de pai e mãe, e eu e meus irmãos ficávamos lá juntos, grudados. Todos envolvidos pelo olhar carinhoso e acolhedor de meus pais, que viviam um romance, um ajudando o outro. Dava gosto de acordar naquele ninho".

Nesse lar havia harmonia, entendimento, renúncia sem exigências! Um doar-se mútuo, silencioso, onde olhares bastavam, abraços alimentavam, toques suaves curavam. Onde o vazio da panela era preenchido pelo afago familiar.

Voltando ao que discutia, é possível concluir: se nem nós nos conhecemos direito, como exigiremos do outro uma postura condizente com nossas buscas? Sim, você não vê que mudou, que no início da relação se mostrava um e agora é outro. Mas exige do outro o perfil do início da relação. Como? Como iremos exigir que o outro atenda às expectativas que nós criamos? São nossas expectativas! Por isso que uma terapia, em qualquer época da vida – o mais cedo possível – só ajuda. Nunca atrapalha. É o melhor investimento que existe! Pense nisso. Não para viver um casamento, mas para se conhecer melhor, viver melhor, seja casada ou solteira, de qualquer jeito. O problema é que a maioria das pessoas considera desperdício de dinheiro a consulta com o terapeuta, e se acha muito bem resolvida para falar por lá uma vez por semana, mas não convive com seu pai, briga diariamente com o filho, maltrata as pessoas, não se estabiliza em nenhum emprego, mas é uma pessoa muito equilibrada. Engana-se! Precisamos cuidar de nossas angústias com a mesma preocupação com que cuidamos da saúde física.

Nossos maiores erros, nossas dores, nossas mais traumáticas dívidas decorrem do não entendimento com nós mesmos! De certos sentidos que absorvemos em nossa origem e formação, determinados conceitos que elegemos como corretos e não observamos o motivo pelo qual agimos assim. Nesse momento, o que é certo ou errado é questionável. O medo e a insegurança são fantasmas que nos assombram. Atualmente, um dos traços de nossa sociedade é um grande número de mulheres esclarecidas, graduadas, independentes, porém dependentes de relacionamentos doentios. A mulher lutou a vida inteira para conquistar sua independência financeira, para garantir seu direito de ir e vir, mas se encalacra em relações destruidoras. Observem a contramão. Depois de muito lutar para poder se sentir útil a você mesma, esbarra em uma dependência emocional, e ali se instala a maior miséria sentimental.

A mulher se vê como um ser que precisa estar de mãos dadas com um homem para ser respeitada e aceita. Repare quando uma mulher bonita aparece em uma festa infantil com seu filho, sem marido. E depois de tanta conversa, as mães descobrem que ela é separada, e é linda. Ela não faz nenhuma amizade. Essa é a pura verdade. As demais sentem-se ameaçadas. São vítimas do machismo das próprias mulheres.

Mexer com nossas crenças, nossa viga mestra que nos sustentou desde nossa existência, diretamente em nossa estrutura, leva-nos ao autoconhecimento, que acredito ser o mais importante em nossa trajetória de vida. O momento é dolorido, mas essencial ao crescimento. E, para muitos, a separação é o caminho em busca de si mesmo. É a única forma que você, inconscientemente, encontrou para alcançar as respostas, o amadurecimento.

Percebo que nosso maior conflito está represado na área emocional. Não saber como agir e agir errado. Não saber como se expressar, crente de que está se expressando certo, e o outro não entende isso. Ou de ter certeza de que é o certo e não ser. Ou melhor, tudo é certo. Tudo serve ao nosso crescimento. Então o erro é uma tentativa de acerto. O problema é que a sociedade ensina a desprezar o erro, a esconder seus medos, suas dúvidas, e isso nos angustia e adoece.

A ideia do autoconhecimento é muito importante, em todas as áreas da vida. Mas onde se percebe o maior conflito, onde é mais evidente é, sem dúvida, na área emocional, porque é a mais difícil de ser camuflada. Veja bem, se você não conseguir fazer a carreira que pretendeu a vida inteira, tudo bem. Você se conforma e se acomoda em outra profissão, substitui aquele sonho e se amolda a outra realidade. Está resolvido e não causa trauma seguir uma profissão ou outra. Quando a questão é um sonho de constituir uma família e não conseguir realizar, isso se torna uma frustração muito grande, causando sérios registros negativos no íntimo da pessoa.

Mas qualquer que seja sua profissão, seu nível social, sua conta bancária, você certamente quer ser bem-sucedido no amor, quer ter uma família, criar seus filhos. É o ciclo normal da vida, para onde a grande maioria das pessoas caminha.

E a tendência, quando não fazemos uma escolha consciente e adequada, é culpar os outros por nossos fracassos. Não é raro ouvir o ex-namorado culpar a ex pelo declínio da relação. Você ouviu muito sobre isso e vai ouvir por uma eternidade. Lembro-me de um fato que me ocorreu quando eu conheci um cliente que acabara de se separar. Ele falava tão mal da ex que pensei que ela realmente fosse uma louca, descontrolada, sem noção, estilo aquelas vilãs de novela. A cada nova história sobre ela, era um choque que me perseguia durante toda a semana.

Pois bem, com o passar do tempo percebi que ele e sua filha viviam em uma dinâmica doentia. Era uma dependência mútua de um pai carente com uma filha chantagista. Talvez eu tenha até lhe assustado com minha sinceridade, mas era exatamente isso. Eram várias as situações manipuladoras, arraigadas de um complexo de inferioridade evidente que me levava às respostas sobre a complexidade que vinculava pai e filha. Passados uns anos, conheci a ex-mulher dele e me surpreendi ao constatar ser uma pessoa totalmente diferente daquela que conheci pelo olhar do outro, tida como problemática e negligente. Ao contrário, era uma pessoa leve, espiritualizada, de bem com a vida, daquelas conformadas, virtuosas, que para tudo tinha uma resposta confortante. Aliás, era muito evoluída e gozava de compreensão ímpar pela vida.

Você sabe que entender, ou melhor, compreender não é tudo. Nessa vida, aceitação fala muito mais alto. Então quando se ama, aceita-se verdadeiramente o outro como ele é: com todas as suas qualidades e defeitos. Quando a relação é pautada em outros interesses, não há como prosperar, mesmo porque ela jamais alcançará sua satisfação. Ficará sempre em débito com sua expectativa. Mas o que é expectativa? Esperar de alguém algo ou alguma atitude. E sem o acontecimento há a frustração. Mas quem criou o esperar? Você. Foi você que me esperou arrumar a mesa de café, que eu deixasse de ser tão impulsiva, que eu abrisse mão de minha pós-graduação para ficar à noite em sua companhia, que eu deixasse de visitar meus pais nos fins de semana para me dedicar a você. Outra forma de expectativa é aquela que existe quando ficamos esperando que o outro tenha a mesma atitude que nós tivemos diante de determinada situação.

Sheila era casada com Artur, e quando me procurou para se separar, disse-me que quando se conheceram e se casaram, ela não trabalhava. Tinha um filho de um ano e cuidava dele enquanto seu marido vendia carros. Ou seja, essa era a única fonte de recursos em casa. Só que Sheila se sentia mal por não colaborar com o marido e todo mês seu pai dava-lhe uma mesada para ajudar na casa. Quando aconteceu o inverso, Artur ficou desempregado, e pela dificuldade de arrumar outro emprego, Sheila foi em busca e conseguiu ser registrada em uma companhia, em um ano foi promovida, ganhando três vezes mais do que Artur ganhava. O que ele fez? E qual foi a expectativa dela? Ele sutilmente foi deixando a casa, o filho descuidado, e começou a explorar a mulher, que esperava dele, pelo menos, a responsabilidade pelos serviços domésticos, já que ela sustentava o lar. Assim, ele deveria assumir os cuidados com o filho.

Artur não atendeu às expectativas que Sheila tinha, apesar de nem ter consciência de que ela aguardara nova posição dele diante da situação. Assim não teve como segurar e, após passar pela psicóloga, separou-se. Logo, as expectativas são colocadas sobre nossas costas sem ao menos nos serem apresentadas, sem serem faladas diretamente, sendo que muitas vezes elas vivem por longos períodos veladas.

Então, se você espera alguma coisa de alguém, lembre-se de que você que criou a expectativa e não a pessoa, não seu marido. Logo, você é a única responsável por isso.

Retornando ao assunto, a partir do momento em que conheci a ex do moço, cheguei à conclusão de que nenhuma mulher saudável suportaria uma convivência nociva e doentia entre pai e filha, e ela, apesar de ser mãe, não suportou. Esse fato marcou minha vida, passei a entender como é confortável culpar o outro pelo término de um relacionamento. Como é fácil apontar o dedo em direção ao outro e se posicionar como verdadeiros heróis. A ex-mulher é uma pessoa alto-astral, confiante, divertida, serena, pés no chão. Pude reencontrá-la em outras ocasiões para trocarmos experiências e ter uma boa prosa regada a café fresquinho, e dela ouvir belas palavras, vi nobres atitudes e em nenhum momento reconheci a pessoa horrível que o ex havia descrito. E mais, em nenhum instante ela mencionou o nome do ex-marido, senão para lhe tecer elogios.

Muitas vezes a intolerância em nosso comportamento e atitudes pode ser relacionada a traumas da vida intrauterina, da infância, comportamento aprendido ou outra situação que não identificamos a origem. Para tentar resolver ou entender essa tormenta, precisamos de ajuda profissional, e aí que cada um busque a sua, caso queira saber quem é. Tentar compreender esse turbilhão de sentimentos sem auxílio de um profissional para alcançar o entendimento pode gerar sofrimento maior, porque toda e qualquer coisa que você ouvir de seu chefe será recebida como humilhação; tudo que sua mulher lhe falar será recebido como humilhação; se seu amigo não puder ajudá-lo nessa ou naquela circunstância é porque há rejeição, ou seja, não sou aceito, não sou amado. Assim irá colecionar pedras de mágoas e tubos de ressentimentos dentro de si, o que irá ao encontro dos tratos que recebeu na infância ou até antes dela.

O estresse, a dor, o choro insistente, a ansiedade e a fúria dessa vida de tormenta podem ter origem a partir de nossa concepção. A busca se faz necessária para o entendimento do conflito, mas se isso vem à tona de forma desordenada, sem resposta adequada, sem uma elaboração organizada, a tormenta pode aumentar, gerando angústia e a destruição de nossos castelos. (Isso está exemplificado por fatos reais no decorrer dos relatos.) Você pode sentir o estrago que faz uma situação atual ao lhe remeter a uma outra de dor da infância. Por que lembramos mais de nossas tristes recordações que das melhores? Porque valorizamos as que foram ruins. Se pensar que vivemos no passado e não no presente, já ajudaria a superar essa bobagem que vem à tona para dilacerar o peito e tapar os olhos.

É perfeitamente comprovado que o sentimento de angústia escurece toda boa ideia e bons sentidos que possam ocupar seu coração. Uma pessoa que valoriza traumas, dores, que vive no passado, remoendo situações constrangedoras, não consegue arrumar um namorado equilibrado, porque equilíbrio atrai equilíbrio. Não consegue passar no vestibular porque não consegue se focar no que é próspero, já que se alimenta de sentimentos negativos, que causam dor. Por isso é tão importante a busca interior, o silêncio, a terapia, a meditação.

O alicerce bem estruturado é a base da construção de nossa psique, caso haja falha nesse processo, como mecanismo de defesa, pode surgir uma força, além da vã consciência, que nos leva a determinadas situações para que cresçamos. Sem compreensão da crise não aceitamos a necessidade da separação ou da interrupção daquilo que nos leva ao sofrimento, por isso criamos nossos castigos, insistindo no martírio em que se transformou a vida a dois, por exemplo, revestida de autopunição. Não compensa viver assim! Compensa viver e evoluir sempre e muito! E viver bem para si, esse é o segredo. Por isso não podemos cumprir protocolos e ser infelizes. Podemos escolher caminhos e modelos de relação.

Daí cedemos às convenções sociais. Devemos crescer e constituir família. Todos nós queremos – quase todos – constituir famílias, porém alguns são de um jeito, outros seguem outros rumos, e por aí seguimos adiante. O que temos são convenções sociais às quais devemos nos submeter. Submeter? Mas por que esse fardo? Podemos apenas viver! E focar com leveza no que pretendemos. Ter uma profissão, ter um relacionamento, ter filhos, conhecer o mundo, escalar o Everest e outros projetos! Devemos ser livres para escolher este ou aquele caminho. Isso ou aquilo, sem implicações e exigências severas para atender às convenções sociais, haja vista que, se cedermos, seremos escravos de um procedimento! E a escravidão é sofrimento, é morte.

Casar. Mas o que é isso? Casar é verbo pronominal – casar-se –, ou seja, pressupõe que você vai compartilhar seus momentos bons e ruins com outra pessoa que já lhe conheça, pelo menos, acredita-se nisso (nem que seja superficialmente). Casar-se é somar sua vida à vida do outro. Casar é juntar o amigo, o companheiro, o namorado, o amante em um só. Casar-se é tudo isso e muito mais. É uma boa e surpreendente complicação. Você certamente iniciará um belo estudo e ampliará seus conhecimentos em várias áreas.

No âmbito real é bastante difícil. Mas também gratificante e muito bom.

E não estamos aqui buscando um manual para o casamento, menos ainda estamos vivendo uma crise ou o fim, ou se devemos nos separar, mesmo porque, se existissem respostas ou uma receita, não haveria tanto desencontro, tantos "tropeços" que, na verdade, são experiências e experimentos.

Estamos diante de uma visão real de fatos que assolam a maioria dos casais e, na tentativa de clarear a vista, narro histórias reais, para que talvez elas venham a se encaixar ou se assemelhar à sua e daí auxiliá-lo em uma possível decisão ou talvez em sua busca consigo mesmo.

Falo para os casais que vivem se debatendo, digladiando consigo mesmos quando poderiam apenas estar aproveitando a vida, vivendo! Para quem ouve o desabafo é fácil aferir o problema, para quem está envolto nele há uma confusão, um sentimento de fracasso absorto que talvez impeça até mesmo de colocar a cabeça para fora da água! Um sufocamento que precede a morte da alma.

A sensação é exatamente esta: sufocamento total!

E para escolher o parceiro certo não há receita. Há algumas providências que nos podem auxiliar para evitar danos, eu diria, mesmo porque não há parceiro certo ou errado. Há aprendizado!

Uma das sugestões que trago é a necessidade de namorar por um tempo razoável, possibilitando o conhecimento de cada um, para saber se as compatibilidades estão realmente compatíveis e se as incompatibilidades são toleráveis.

Lembre-se: realmente compatíveis. Isso pode parecer uma besteira, mas é o mais importante. No início, a parte quer agradar o outro e fazer tudo para se passar pelo par ideal. O gentil rapaz abre a porta do carro, convida para jantar, leva àquele restaurante da moda. Depois, cansa de ser agradável, de ser simpático, e tem de mostrar o verdadeiro ser! Daí o romance toma o curso de fardo errante e o que era um prazer passa a ser obrigação, e no lugar do riso vem o franzir da face. E isso desgasta e cansa muito. E falo isso para ambas as partes, que devem se manter vigilantes.

Viver assim não é nada bom. Você não merece isso.

Atualmente, os namoros estão mais escassos. Isso é fato! Parece que o mundo está com pressa demais de se ajuntar e tentar clarear tudo em um prévio convívio. As pessoas se conhecem e, se algum deles estiver morando sozinho, rapidamente estão convivendo como casais. Por um lado é bom, porque já se conhece os defeitos logo. Por outro é ruim, porque toda pessoa que aparece em nossas vidas nos traz mudanças. Faz-nos olhar para alguma coisa que a gente não dava importância, chama nossa atenção para detalhes aos quais nem sequer dávamos valor, enfim nos abre outro mundo. O mundo dele vai se fundir com o seu. Você está preparado? Você quer isso?

Um dos remédios preventivos para um casamento "fracassado" (porque não há casamento fracassado, há "aprendizado") é o fato de cada parte conhecer seu parceiro, inclusive seus defeitos, e não enxergar no outro a forma perfeita com a qual você sonhou. Amar minhas qualidades é fácil, difícil é amar meus defeitos. Na fase da paixão, o casal só enxerga aquilo que se enquadra em sua fantasia, dentro do conceito que você acredita ser a felicidade. Aí se casa e vem toda a frustração.

Há quem acredite que se casar é viver a pacatez de um domingo à tarde. Aquela falta de graça total, e permanece dormindo na relação, esquecendo-se inclusive de si mesmo. Tipo o comodista com o mal viver, que tem desânimo em pensar. Há os que vivem uma dependência emocional e financeira do outro. Há quem se una por amor, sabe que é difícil, e por amor vive anos e anos buscando, diariamente, o equilíbrio.

Paixão é paixão. As religiões definem paixões como um sentimento insano, que desequilibra e tira a pessoa do prumo. Caudalosa, escandalosa, sequestra o raciocínio e leva a loucuras. Paixão por si só nos mostra as vantagens da situação e as qualidades da pessoa. Apenas isso. A paixão é cega, mas o amor não. A paixão é irascível, desmedidamente nos conduz ao fogo ardente. E essa antiga mestra chamada Paixão é a causa de muita ruína, porque enlouquecemos. E agimos embriagados fortemente pelo mar raivoso do irracional. Quando nos deparamos com a realidade, dá vontade de chorar.

O importante é ter consciência de que podemos chorar, acalmar, descabelar, que podemos errar, que iremos encontrar o caminho sombrio da clareza. Por isso, caminhamos sempre para o bem. E essa busca por nós mesmos é valiosa. Não há relacionamento mais valioso do que você experimentar uma situação em que precisa passar pelos acontecimentos necessários para ressurgir. É como o outono. Não tem jeito. Quem não perde as folhas, não muda a carapaça, não muda a pele, não tem condições de permitir uma nova roupagem, um aprendizado, a evolução.

Se você errou muito, ótimo. Eu também. Muito! E aprendi bastante com meus erros e, se tivesse ouvido meus pais, não teria sofrido tanto, mas quão valioso é o aprendizado vindo da própria experiência. Deste não temos dúvidas. E felizes os que erram, que têm coragem de perder todas as folhas, sucumbirem aos mais difíceis momentos para ter dignidade de enfrentar, pois sairão vitoriosos! E você viu que aqui encontrou muita história como a sua. Umas bem mais difíceis, mas um verdadeiro elixir, bálsamo rejuvenescedor para desanuviar as vistas! E recomeçar! Em breve verá que estará pronto para encontrar aquela pessoa bem especial, tanto quanto você, para compartilhar a vida.

Observo que não é só a mulher que procura companhia, como alardeiam. Claro que não! Como a mente machista adora divulgar em assuntos masculinos informais, como também em livros, novelas, artigos, reuniões de amigos e afins. Isso faz parte do passado! Hoje, e mais que nunca, o homem se mostra carente no quesito relacionamento, e muito! Homens dão sinais claros de que querem se casar bem mais que antes, pois está difícil para eles também encontrar seu par, encarar a modernidade feminina para a qual não se prepararam para conviver. O poder e a independência feminina têm trazido alguns conflitos àqueles que não lidam bem com esse perfil dentro de casa, na família onde cresceram. Daí seus complexos e problemas. Homens que foram criados por "Amélias" dificilmente aceitarão esposas que não se encaixam nesse perfil de subserviência, haja vista que nós seguimos sempre os modelos que temos em casa. Observe que repetimos a mesma forma, o mesmo roteiro de nossos pais. Mesmo aqueles filhos que elegem, com muito custo, outra maneira de ser, livrando-se do que viveram na infância, ainda assim têm o traço do que viveram em casa.

Um filho de pai alcóolatra e, por conseguinte, violento, que batia em sua mãe, nunca provou nada de álcool. Tem pavor do cheiro! Mas diante de tanta violência que sofreu, é estúpido e violento, em pequenas proporções com os seus. Ou seja, não se livrou do todo que compunha sua criação.

Casar-se é uma consequência natural do homem, e dos animais também (humano e não humano). Cada espécie com sua forma e modelo de relacionamento, acasalamento. Basta você fazer ajustes e amar, mas amar muito para permanecer! Caso contrário... Não vai ter jeito, vai se casar pelo medo de viver sozinho, vai se casar por carência. O casamento requer mais compreensão e aceitação que sexo. Requer mais perdão e compaixão que desejo. Requer um olhar mais fraterno que sensual... O casamento requer muita coisa. É muito custoso. Vai bem além do pedido defronte à Torre Eiffel, muito além do beijo cravado de brilhantes em frente ao Taj Mahal. Bem além... Tudo isso faz parte da fantasia, que é gostosa, mas dura pouco.

Preste atenção: fantasia é bom, mas dura pouco. Bem pouco.

Durante um bom tempo, venho observando que as pessoas não estão satisfeitas em seus relacionamentos e vivem juntas por conveniência e/ou preguiça, e não mudam sua história. Podem crer que a grande maioria dos casais vive uma mentira. Por isso são pouquíssimos os que vivem bem e são realmente felizes, muito embora felicidade seja um conceito muito pessoal, percebe-se que casais carregam um fardo por estarem juntos, quando deveriam curtir a vida a dois, ou seja, curtir a relação, mas vão em sentido ao caminho da destruição. São pouquíssimos, quase raridade, os casados (conforme pesquisa informal feita por mim mesma) que vivem um casamento equilibrado, no qual há a presença de respeito, admiração, amor, compaixão, compreensão, aceitação e afins.

E por que não se separam? Daí várias meias respostas... e muita saia justa.

Por que se casaram? Após anos ou meses de namoro, ou até mesmo um acidente casual, o casal decide que quer se casar. Que um foi feito para o outro e que já superou os choques e conflitos aparentes durante anos de namoro. Frisa-se: aparentes! Decidir-se pelo conforto que o parceiro traz com sua compreensão e bondade é uma delícia. Ter certeza de que ela é a mulher de sua vida, que possui todos os atributos positivos que você espera de uma mulher, é inexplicável! Essa é a melhor fase da vida do casal: preparar o casamento. Sonhamos com tudo perfeito e maravilhoso. Sonhamos com um mundo encantado... Do convite à lua de mel. Da escolha da decoração da igreja à do apartamento... Tudo é delicioso! E todo ser que sonha com isso deve passar por essa experiência mesmo, deve se dar ao luxo de poder ser feliz, apaixonar-se, curtir a relação, desgastar-se e até se enganar!

Nós devemos nos permitir enganos, sim! Qual o problema? E depois das experiências, as providências! Sempre e em qualquer situação. Não nascemos prontos e cada um em seu nível de consciência.

O problema é que, quando nos casamos, não conhecemos a parte negativa do parceiro e todos nós temos defeitos. Há traços na personalidade da pessoa que não iremos descobrir nunca, exceto se convivermos, e convivermos muito com ela. E quando convivemos, descobrimos que o fardo é pesado demais e que não há condições de a vida a dois prosperar. Daí a dura decisão de permanecer juntos ou se libertar! Aí você decide se separar ou superar? Eis a questão.

Outra frustração recorrente, presente com evidência em nossos tempos, é a insegurança do macho perante o furacão mulher. Esse homem, que foi criado para proteger e prover, agora convive com uma mulher no mesmo nível dele ou bem mais corajosa e competente que ele. Que também está à frente da casa. Tudo isso amedronta e causa uma insegurança medonha! E isso ameaça o instinto masculino, tão alimentado pela sociedade patriarcal. Logo, deve haver equilíbrio e maturidade para o homem saber lidar com tudo isso. E é uma restrita porcentagem que encara essa mudança, porque ele não sabe que será respeitado em toda e qualquer circunstância; que respeito é uma questão de berço, independentemente de condição social ou realização profissional. Logo, não há o que temer. Onde há amor, tudo flui tranquilamente, sem ofensas e sem distâncias.

No entanto, a mulher que já foi treinada para administrar nações, dirigir empresas, já está lá adiante! Nem sequer tem olhos a volver para tal situação, nem sabe o que é isso, como se processa a insegurança masculina, e vai passando feito um trator, dando ordens em casa, resolvendo a matrícula dos filhos, dirigindo a empresa, e vai ligada no automático da vida... Sem dar muita importância aos detalhes que se somam aos conflitos masculinos. Sem sequer ter ciência de que eles existem. E, se existem, devem ser abordados, sim, entre o casal, sem qualquer tipo de constrangimento. Este é o problema: nossa falta de condição de encarar o que mais nos incomoda, de falar do que nos torna envergonhados, de nossas inseguranças, nossos traumas. Isso eu vi principalmente com homens que queriam falar com suas parceiras sobre o que os abatia diante de sua postura e personalidade, o que lhes trazia sofrimento. Mas não, guardavam com vergonha. Isso desencadeava um processo de desgaste muito grande, que culminava na separação.

Depois da dinamite, não há como engolir a bomba, porque ela vai explodir. E o desastre será grande, o que leva qualquer pessoa a tomar decisões sem saber o que realmente ocorreu e por que a vida tomou esse rumo. Daí não sabe como passou a não admirar aquele macho, visto aos seus olhos como fraco e transmitindo isso a ele, o que é pior. Ele, por sua vez, sente-se cada dia mais pressionado e lutando para que a mulher não perceba suas fragilidades. Instaura-se o conflito, chega o fim.

Sem ter consciência dos motivos que o(a) levaram a tomar tal atitude, como poderá aferir aquele estrago que o fim trágico daquela relação trouxe? Não haverá como cobrar essa postura ou sensatez se esse sentimento for desconhecido.

Daí vem a separação. Mas o que é separar? Nesse caso, também temos um verbo que fica melhor pronominal, separar-se: é colocar fim a um estado anterior para dar vida ao novo estágio que está ali, que se alojou ali e está pronto para nascer. Muitos envolvidos ainda não enxergam que, nesse momento, devem abrir mão daquele ninho aconchegante para surgirem livres e limpos de um estágio imaginário – gestação – para a nova vida que terão com uma pessoa mais limpa, lúcida, viva, leve, que é você mesma!

Separar-se é uma morte em vida, é triste, é dolorido, sim. Morrem as coisas boas e ruins do relacionamento, morre toda a falta de entendimento que veio, matando um pouco de você a cada dia. E com o passar do tempo, você irá acomodar em seu íntimo todo o processo e buscará por uma resposta da libertação, mesmo porque você sabia que sua relação era uma mentira. Era um fardo que você carregava nas costas.

O pior não é isso. A dor da separação será sua companheira e com ela muito se aprenderá. Difícil é a necessidade de manter a relação com ele por conta dos filhos. Aí vem um novo desgaste. Por mais que você tenha vontade de manter a amizade com aquele homem, que é pai de seus filhos, um amigo legal com quem você pode dividir os conflitos das crianças, suas dúvidas sobre a vida delas, até mesmo suas angústias, é uma escassez, ou seja, é raro quem consiga manter uma relação verdadeiramente limpa com o ex. E é uma pena, porque seria o ideal. Mas, se você pediu a separação, ele irá fazer tudo para manter uma relação conflitiva para o resto de sua vida.

O que mais me assustava, e assusta nesse aspecto, é o fato de virarmos pelo avesso, e às avessas, quando o que era compatível se torna repulsa. Odiar a pessoa com quem dividimos tanta coisa boa, tantos tesouros próprios, como o vestido de noiva, a formatura, o primeiro filho, os êxitos e as derrotadas profissionais... Enfim, tantos momentos importantes, é muito triste. Quer queira, quer não, a pessoa com quem nos casamos foi personagem importante em nossa história; foi com quem compartilhamos nossas preciosidades, e agora estamos em pontos opostos no tatame. Isso é a involução. E há condições de sermos diferentes nesse peculiar momento.

Eu tinha vergonha da forma que se deu minha separação, haja vista que foi uma das mais angustiantes e doloridas que já vi. E o pós dela não cessou. É uma relação encharcada de ódio e vingança. Ficaram ali como pilares sobre os quais a família foi construída. A partida, a forma como ela se deu, cada um conduziu de uma maneira, sem saber muito como lidar com tudo aquilo. E houve muita dor no invólucro do rompimento.

Permitir que o atual parceiro palpite no que tange à relação anterior é a maior cilada. Eu nem precisaria dizer isso aqui, mas é o primeiro sintoma de imaturidade e falta de noção mínima do casal referente a limites, principalmente em um processo de separação. Além de ser desrespeitoso para com todos, inclusive com os filhos, é o início de uma bomba que está em gestação, porque vai estourar e fazer estragos, destruindo a paz em uma instituição que deveria ser eterna, como você e seus filhos.

Pois bem, sem proteger o instituto familiar, filhos são criados sob opiniões diferentes destoantes e sem acordos. O atual companheiro não sabe seu papel naquele ninho e se choca com o que restou, antes instituído pelos pais que deram à luz aquela criança. Além da interferência quase sempre nociva de terceiros que vivem diretamente ligados pelas novas relações instituídas, há outro prejuízo para a cabeça dos pequenos, pois o que pode lá, não pode cá, e vice-versa. Mas o espinheiro na beira da estrada só pode dar espinho, e esparramar-se conforme o ambiente lhe é compatível. E por aí segue de forma infinda sua propagação, esparramando assim o ódio e a vingança, afastando pai e mãe do equilíbrio que lhes são fundamentais para a criação dos filhos.

Em razão disso, as pessoas alardeiam como troféus as adversidades que mantêm com seus ex-maridos/esposas. Na verdade, deveriam ter vergonha, porque isso é precário para você, pior para seus filhos. Manter uma relação normal, não diria harmoniosa – tipo aquela que só os artistas conseguem –, mas de concessões e paz seria o ideal, com base no nível de amadurecimento espiritual e emocional de ambos. Em resumo, se conseguir aceitar que a separação é o melhor caminho e não há como fugir dela; que ninguém deu causa à separação, que ela é um evento que não há como evitar; que não se refere a um fracasso mas a um aprendizado e assim viver seu luto, permitir o novo chegar, e se reconstruir calmamente; tudo isso seria o melhor.

Por isso, relacionei aqui várias histórias reais que envolvem os mais variados e curiosos casos, para que você possa entender e aceitar o que lhe ocorrera ou o que lhe está ocorrendo. São histórias que poderiam ser fictícias, mas são reais. Romances que não foram retirados de nenhum livro ou filme, mas das páginas da vida cotidiana, repletas de conflitos, dores, amores e aprendizados. Quem sabe, a coragem de um seja o trampolim do outro, o erro de um impeça o outro de seguir pelos mesmos trilhos e a vitória de um seja o ânimo necessário a quem se vê sem rumo, diante dos problemas.

Eu me separei aos 68 anos de idade e nasci de novo

Ao chegar a uma estação de trem rumo a Toledo, na Espanha, deparo-me com um grupo de 13 mulheres brasileiras, jovens idosas animadas e ansiosas para seguirem adiante. Antes do embarque, a foto. E eu fui a escolhida por elas para o clique. Adoro tirar fotos, fotografo tudo que mexe comigo, e confesso que a exuberância daquelas senhoras mexeu comigo. Fizeram várias poses livres de censura ou crítica. Livres de tudo. Surpreendia o brilho no olhar, algo que chamava atenção de longe. Logo fui convidada a entrar no trem com elas, e Dora me chamava atenção por sua perspicácia e agilidade. Rápida física e mentalmente.

De repente e sem muito esforço, Dora começou a me relatar que estava realizando um sonho em conhecer Toledo aos 75 anos.

Era psicopedagoga aposentada, voluntária da Igreja Católica de Passos, interior de Minas, onde desenvolvia um nobre trabalho com menores infratores. E impressionava por sua idade, já que parecia ter no máximo 60 anos.

Dora casou-se aos 19 anos com Juarez. Era professora desde nova e assumiu vários turnos na escola onde lecionava. Trabalhava e estudava e, assim, progredia. Teve três filhos, um atrás do outro, e seu marido era assistente da Secretaria de Educação, cargo que ela lhe arrumou pela sua influência no setor na pequena cidade. Juarez ganhava pouco, mas vivia tranquilamente. Além disso, dedicava-se à igreja, dando curso de catequese e, junto de Dora, preparavam os casais para o matrimônio.

Era um homem pacato, de reputação ilibada, sério, sem muita conversa. Veio de família humilde, mas respeitada na cidade pela retidão dos seus, que trabalhavam no comércio da região, bem como no setor público, por gerações e gerações. Era calado, recatado, tendo Dora como única mulher com quem namorou, casou e teve seus filhos.

Dora já era diretora da escola em Passos e lecionava nas escolas vizinhas. Em seguida, virou uma referência em educação na região. Tinha o dom de ensinar e cultivar almas. Foi uma pessoa crucial nas gerações que administrou, ensinando e educando, e por isso tinha muita influência naquela cidade e usou seu dom para eleger seu marido, exemplar cidadão, ao cargo de vereador. Além de trabalhar dois, três turnos, ela trabalhava durante o fim de semana na campanha do marido. Andava pela zona rural onde fazia política. E ele foi eleito.

Ao ocupar a cadeira na prefeitura daquela cidade, Juarez começou a criar asas. No último ano de seu primeiro mandato, Dora recebeu uma ligação contando sobre o relacionamento dele com sua secretária. Aturdida, não deu assunto para o intrigueiro e desacreditada seguiu sua vida, já que seu marido havia mudado, sim, mas continuava gozando de sua inteira confiança.

Juarez nunca teve uma suspeição durante todo tempo de casamento. Eram anos e anos e, dos 19 aos 64 anos de casada, Dora nunca ouviu, percebeu, soube de qualquer olhar maldoso dele para outra mulher, ou de qualquer ato capaz de lhe ofender a honra e boa fama. Era um sujeito nota 10.

Passaram-se os meses e Juarez estava sob a observação mais pontual de sua esposa, que continuou a receber telefonemas anônimos e, em um deles, a situação pareceu coincidir com horários e datas. Era tarde de quinta e Juarez saiu para cumprir agenda na prefeitura e, em seguida, um compromisso na região rural, por isso chegara em casa mais tarde que de costume, às 19h30, para o jantar. Parecia muito cansado e deitou em seguida. Em tantos anos de casado, essa cena nunca havia ocorrido. Foi o suficiente para acender o sinal amarelo.

Depois disso Juarez passou a beber, a chegar em casa mais tarde e, apesar de tentar o tempo inteiro se manter no eixo, não conseguia mais disfarçar tão bem. Dora observava, mas não acreditava. Trabalhou novamente em sua reeleição, tendo elegido mais uma vez o marido ao segundo mandato.

Nesse tempo, a prefeitura, o poder, a secretária, o mesmo cenário lhe convidavam a ter tardes ardentes, acompanhadas de bebidas e mulheres. Esse homem, que nunca bebera antes, mudou sua vida quando se tornou vereador da cidade às expensas da influência de sua esposa, que morreu e nasceu de novo com a notícia.

Era sábado, o casal havia ido para a igreja na última comemoração da turma dos noivos e Dora havia se esquecido em casa dos certificados que tinha feito com muito carinho. Voltava animada para buscá-los, enquanto Juarez assistia aos seus formandos já devidamente preparados para o casamento.

Ao sair no portão, já trancando a porta, uma velhinha a esperava pelo lado de fora e lhe disse que procurava por Suzana, uma moça morena esposa do sr. Juarez. Dora achou estranho e lhe explicou que ali era a casa dela. A velhinha insistiu e disse que a esposa do Juarez devia para ela o valor de R$ 250,00 em costura que ela havia feito.

Percebendo que a mulher falava com propriedade sobre a moça, Dora deu corda e descobriu que, por diversas vezes, no povoado de Riacho Fundo, nas proximidades locais, toda tarde de quinta-feira (dia em que Jocelino tinha agenda na zona rural) seu marido, em companhia de uma moça morena, a Suzana, sua secretária, se encontravam publicamente; descobriu também que os vestidos feitos pela costureira foram presentes de Juarez, que devia pagar pelo serviço. E deu detalhes do romance.

Dora perdeu o chão. Sentiu as pernas tremerem e não teve condições de raciocinar. Pegou os certificados e se dirigiu até a igreja, onde os entregou e disse passar mal de labirintite. Voltou para casa e viu o filme passar na sua cabeça. Os telefonemas que recebia, o comportamento estranho dele alegando muito trabalho, o bafo de cerveja, a compra de novas roupas, a caminhada que fazia todos os dias e várias outras mudanças de comportamento.

Passou dias com crise de labirintite, foi internada, parecia transtornada, com quadro grave de depressão. Seus filhos não entendiam o que levara a mãe a se acamar, pois, sempre muito ativa, nunca tivera nada antes e já beirava seus 66 anos. Dora não tinha força para falar do que soube. Não tinha como ir ao gabinete do marido e averiguar. Não tinha condições de reagir. Permaneceu dez dias internada e teve alta, mas muito debilitada não podia sair. Ao todo, permaneceu 35 dias em cima de uma cama.

Ao recuperar sua saúde, contou para sua irmã o que ouviu. E ela lhe respondeu que a cidade inteira sabia do romance, mas como ela nunca tinha visto nada, não podia falar sobre o que não tinha certeza. Assim, peregrinou e descobriu toda a verdade. O marido tinha uma noiva que era sua secretária. Passeava com ela pelos povoados da região e apenas ela e os filhos não sabiam.

Aos 68 anos, depois de vários pedidos de perdão, de tentar resgatar o relacionamento, não aguentou e pediu a separação. Nesse momento, eu ouvinte tomei um susto. Dora, por que pedir a separação aos 68 anos? Você poderia usá-lo para fazer supermercado, ser seu motorista, sua companhia para ouvir William Bonner dizer "boa noite". E ouvi a seguinte resposta: "Eu me libertei de uma mentira que vivi dos 60 aos 68 anos, quiçá se não era um calhorda antes, mas nunca soube. Eu fiz a vida desse homem, construí tudo com ele e o elegi vereador da cidade por dois mandatos. E recebi sua mentira e traição em troca. Não quis permanecer naquela vida de faz de conta. Quis viver! Minha vida, literalmente, começou quando me separei. Hoje, aos 75 anos, estou aqui com você rindo, viajando, conversando, bebendo e comendo o que quero. Vou conhecer o mundo todo e vou viver muito".

Quando lhe perguntei sobre Juarez, ouvi: "Quando eu definitivamente me separei dele, ele estava sem casa, sem emprego, sem renda. Comprei uma casa no povoado de Riacho Fundo, coloquei em nome de meus filhos, e todo mês eu faço o supermercado até ele se aposentar. Além disso os filhos ajudam".

Fiquei chocada com a decisão de Dora, ao se separar aos 68 anos, mas depois, olhando em seus olhos, entendi o quanto aquela decisão lhe fez viver, dando-lhe força e brilho, bem como sua atitude nobre em ajudar o ex-marido. "Ele, apesar de ter sido um desonesto traidor, é pai dos meus três filhos."

Nossa viagem foi um bálsamo, um dos maiores presentes que ganhei. Tiramos todas as fotos possíveis, bebemos, comemos, rimos e conversamos bastante. Foi um aprendizado muito precioso ter conhecido Dora e sua turma naquela viagem. Por isso lhes digo que sempre vale a pena tentar e se dar uma segunda chance.